# 耍廢時看的經濟學

## 經濟學名詞懶人包

U0068339

看這本就好啦～～

馬上搞懂經濟學的世界！

適合懶人看的經濟學名詞懶人包，耍廢也可以很有 sense

系統提示　　　你現在可以把厚厚的理論書都燒掉了！
懶癌末期的你，想學經濟學嗎？
馬太效應、零和遊戲、規避風險、資產負債表…….
那些最常見的經濟學名詞，都幫你一本打包好了！！　　　劉瑩 田小飛 編著

# 耍廢時看的經濟學

經濟學名詞懶人包

# 目錄

前言

**第 1 篇　經濟改變你的生活**

第 1 章　你應該掌握的經濟學基本概念 ⋯⋯⋯⋯⋯⋯⋯⋯ 15

　1.1　望遠鏡的正反兩端—個體經濟和總體經濟 ⋯⋯⋯⋯ 15

　1.2　衡量國家財富指標—國內生產毛額 ⋯⋯⋯⋯⋯⋯⋯ 18

　1.3　核算國民收入的其他指標 ⋯⋯⋯⋯⋯⋯⋯⋯⋯⋯⋯ 20

　1.4　美中有不足—周期和危機 ⋯⋯⋯⋯⋯⋯⋯⋯⋯⋯⋯ 22

　1.5　經濟學裡的分支

　　　　—發展經濟學、環境經濟學、行為經濟學 ⋯⋯⋯ 24

　1.6　現行市價在不同時期的差別

　　　　—實質 GDP 和名目 GDP ⋯⋯⋯⋯⋯⋯⋯⋯⋯⋯ 26

第 2 章　你應該了解的最基本的理財常識 ⋯⋯⋯⋯⋯⋯⋯ 29

　2.1　你選擇在哪個市場投資—金融體系 ⋯⋯⋯⋯⋯⋯⋯ 29

　2.2　不把雞蛋放在一個籃子裡—投資組合 ⋯⋯⋯⋯⋯⋯ 32

　2.3　低風險賺錢的機會—套利 ⋯⋯⋯⋯⋯⋯⋯⋯⋯⋯⋯ 34

　2.4　時間和金錢—折現 ⋯⋯⋯⋯⋯⋯⋯⋯⋯⋯⋯⋯⋯⋯ 35

2.5　為自己創造財富—創業 ･････････････････ 37

2.6　與危險擦肩而過—規避風險 ･･････････････ 38

第 3 章　經濟學趣味效應 ････････････････････ 41

3.1　買更多的冰淇淋—財富效應 ･･････････････ 41

3.2　貸款似乎變得容易了—利率效應 ･･････････ 42

3.3　國外的鈔票也能帶來收益—外匯交易 ･･････ 43

3.4　到國外去走走吧—匯率效應 ･･････････････ 45

3.5　全球化下的蛋—開放經濟理論 ････････････ 46

3.6　歷史是一面鏡子—經濟發展過程 ･･････････ 47

第 4 章　你應該了解的生活成本核算 ･･････････ 49

4.1　通貨膨脹對我們的影響大嗎？—消費者物價指數 ･･･ 49

4.2　你的錢被別人用了—稅收和我們生活的關係 ･･･ 50

4.3　「係數的魅力」—恩格爾係數和基尼係數 ･･･ 51

4.4　此消彼長—失業和通貨膨脹 ･･････････････ 53

4.5　政府會幫你渡過難關—解決失業的公共政策 ･･･ 56

4.6　高薪酬、高效率—效率薪水理論 ･･････････ 57

第 5 章　你應該知道的事實—短期經濟波動 ････ 59

5.1　以不變應萬變—名義變項 ･･･････････････ 59

5.2　透過現象看本質—真實變項 ･････････････ 61

5.3　貨幣增發並不能刺激工業—貨幣中立性 ･･･ 63

5.4　令人有點迷惑—名目利率 ･･･････････････ 65

5.5  熱錢的風向標——實質利率　　　　　　　　　68

5.6  存的越多，獎勵越多——儲蓄激勵　　　　　　72

第 6 章　跟老外做生意，就應該懂點國際貿易　　　75

6.1  讓他為你生產吧——生產可能性邊界　　　　　75

6.2  養牛還是養雞？——機會成本　　　　　　　　77

6.3  貿易真的就那麼好嗎　　　　　　　　　　　　79

6.4  貿易的基礎——匯率和關稅　　　　　　　　　81

6.5  貿易順差和逆差　　　　　　　　　　　　　　83

6.6  道高一尺，魔高一丈——傾銷與反傾銷　　　　84

第 7 章　全球經濟有序運行的總指揮：國家干預　　87

7.1  角色轉變——自由放任到政府干預　　　　　　87

7.2  凱因斯主義與新凱因斯主義　　　　　　　　　90

7.3  如何確定正確的航標——公共支出與選擇　　　91

7.4  世界貿易的協調者——WTO　　　　　　　　　93

7.5  世界是平的——經濟全球化　　　　　　　　　95

第 8 章　看得見的手——政府決策對經濟的重大影響　99

8.1  收入高，多納稅——效率與公平　　　　　　　99

8.2  政府也要好好算算——財政　　　　　　　　　101

8.3  洰水之戰的經濟學寓意——乘數效應　　　　　103

8.4  無規矩難以成方圓——貨幣制度　　　　　　　105

8.5  一石激起千層浪——政府行為　　　　　　　　108

8.6　從搖籃到墳墓—福利國家 ……………………………… 109

第 9 章　公共物品與外部性是如何衡量幸福的 ……………… 111

9.1　衡量幸福的經濟學標尺—效用 …………………………… 111

9.2　我能阻止別人和我共享藍天白雲嗎 ……………………… 113

9.3　牧民和草地—公有地悲劇 ………………………………… 115

9.4　我能影響到他人嗎—正負外部性 ………………………… 117

9.5　產權—地主擁有土地 ……………………………………… 119

**第 2 篇　有趣的經濟關係：三方主體**

第 10 章　供給和需求 …………………………………………… 125

10.1　香蕉漲價了，我就少買點吧—需求曲線 ……………… 125

10.2　還是買比香蕉更便宜的橘子吧—需求曲線的變動 …… 127

10.3　並不是人人都需要奢侈品—需求彈性 ………………… 129

第 11 章　消費者、生產者和市場 …………………………… 131

11.1　蘿蔔青菜，各有所愛—偏好和消費心理 ……………… 131

11.2　每個人都在消費—衡量消費的指標 …………………… 133

11.3　這是一種特殊的剩餘—消費者剩餘和生產者剩餘 135

11.4　隔行如隔山—資訊不對稱 ……………………………… 137

11.5　協調經濟運行的「兩隻手」—市場和政府 …………… 139

11.6　經濟也鬧點小脾氣—市場失靈 ………………………… 141

第 12 章　你應該知道的經濟核算常識：成本、利潤　145

　　12.1　利潤是不竭的動力—企業和目標　145

　　12.2　投入和產出—成本和生產力　147

　　12.3　變還是不變—固定成本和可變成本　149

　　12.4　每一單位產品的成本與總產品量有關嗎？

　　　　　—邊際量　150

　　12.5　功不可沒的社會資源—生產要素　152

第 13 章　市場裡的企業形式是多元化的　155

　　13.1　市場也有結構—競爭市場、壟斷、寡頭　155

　　13.2　給壟斷者點顏色看看—對壟斷的公共政策　157

　　13.3　嫁出去的女兒，潑出去的水—沉沒成本　158

　　13.4　大魚吃小魚，小魚吃蝦米—兼併　160

　　13.5　你說你沒使用過「優惠券」？—價格歧視　162

　　13.6　人不為己，天誅地滅—賽局　164

第 14 章　勞動者、收入分配、教育投入，一個都不能少　167

　　14.1　女人不再是「半邊天」了—收入差距　167

　　14.2　「木桶理論」的經濟學意義—收入再分配　169

　　14.3　人的經濟學因素—人力資本和教育　170

　　14.4　學會說「不」—時間管理　172

　　14.5　職場新人的苦衷—蘑菇定理　174

第 15 章　有利可圖就生產─短期總供給曲線 ⋯⋯⋯⋯ 177

　　15.1　漲薪資總不會那麼及時─黏性薪資理論 ⋯⋯⋯ 177

　　15.2　改變菜單需要成本─黏性價格理論 ⋯⋯⋯⋯⋯ 179

　　15.3　感覺與眼睛也會騙人的─錯覺理論 ⋯⋯⋯⋯⋯ 181

　　15.4　失業是個壞消息─勞動改變短期供給曲線 ⋯⋯ 182

　　15.5　給自己放個假吧─資本改變短期供給曲線 ⋯⋯ 183

　　15.6　站在巨人的肩膀上─技術改變短期供給曲線 ⋯ 184

　　15.7　開拓新天地，找尋新資源

　　　　　─自然資源改變短期供給曲線 ⋯⋯⋯⋯⋯⋯ 186

第 16 章　長期提供─長期總供給曲線 ⋯⋯⋯⋯⋯⋯⋯ 189

　　16.1　漲價不一定增產─長期總供給曲線是垂直的 ⋯ 189

　　16.2　勞動者最光榮─勞動變動改變長期總供給曲線 ⋯ 190

　　16.3　又發現了寶藏─自然資源變動影響長期總供給曲線191

第 17 章　並非風平浪靜─經濟波動的原因 ⋯⋯⋯⋯⋯ 195

　　17.1　概念的理解─什麼是經濟波動 ⋯⋯⋯⋯⋯⋯⋯ 195

　　17.2　戰爭使我們勒緊褲腰帶─總需求變動 ⋯⋯⋯⋯ 197

　　17.3　悲觀情緒何時停止─總需求引起產量波動 ⋯⋯ 199

**第 3 篇　人人都離不開經濟學**

第 18 章　無處不在的算計─經濟學中的賽局理論 ⋯⋯ 205

　　18.1　揭開賽局理論的神祕面紗─什麼是賽局理論 ⋯ 205

18.2　為什麼要打折？—價格戰賽局　　　　　　208

18.3　改善環境的途徑—汙染賽局　　　　　　　210

18.4　傾銷與反傾銷背後的祕密—貿易戰賽局　　213

第 19 章　感情也需要權衡—愛情經濟學　　　　　215

19.1　用經濟學的手術刀剖析愛情—愛情的個體與總體　215

19.2　愛情的替代效應和收入效應　　　　　　　217

19.3　攻防殺伐斬獲愛情—愛情中的效率與賽局　220

第 20 章　生活中的經濟帳—像經濟學家一樣思考　223

20.1　面對突如其來的災難的思考

　　　　—金融危機為我們帶來了什麼　　　　　223

20.2　一袋米、兩根黃瓜都是學問

　　　　—平凡生活中的經濟學　　　　　　　　226

20.3　人們花錢消費的動機是什麼

　　　　—經濟學的實質（一）　　　　　　　　227

20.4　人們花錢消費的動機是什麼

　　　　—經濟學的實質（二）　　　　　　　　229

20.5　個人經濟活動對社會的影響

　　　　—經濟學家的祕密視角　　　　　　　　232

第 21 章　掌握經濟學中的金科玉律　　　　　　　235

21.1　最基本的經濟分析法—歸納與演繹　　　235

21.2　經濟學常識的最初來源—規律性認識　　237

21.3　從最簡單的現象入手——透過現象看本質 ⋯⋯⋯ 240

21.4　經濟學原理歸納總結的前提——科學假設 ⋯⋯⋯ 241

21.5　為什麼會有兩極分化？——馬太效應 ⋯⋯⋯ 243

21.6　簡單有效的管理——奧卡姆剃刀定律 ⋯⋯⋯ 244

21.7　政出多門令人無所適從——手錶定律 ⋯⋯⋯ 246

21.8　福兮禍之所伏，禍兮福之所倚——零和遊戲 ⋯⋯⋯ 248

21.9　注意你的短板——木桶定律 ⋯⋯⋯ 250

21.10　為什麼要用名人打廣告——光環效應 ⋯⋯⋯ 253

21.11　由不勝任到勝任——彼得原理 ⋯⋯⋯ 256

# 前言

  不管你是否接受過專門的知識訓練，每個人每天都在碰觸「經濟」。小學生會因為得到一塊小小的巧克力而感到滿足，家庭主婦會在雞肉和牛肉的價格之間做選擇，商人要權衡利弊做出最有利於自己的決策……這些都是基本的經濟行為。但每一種行為都是一種決策，這其中不免隱含著一些經濟學原理。對於早出晚歸的上班族而言，想在空餘時間對經濟學有初步的了解；一些零基礎的經濟常識愛好者，也希望用較短的時間學到更多的知識。本書透過通俗的講解，配以案例，簡單明了地展現了豐富的經濟學知識。透過閱讀，可以使您知曉和生活息息相關的經濟常識、深入淺出、通俗易懂。

  為了讓大家能夠更好地閱讀內容，在有限的篇幅中最大限度地吸收到知識，本書對內容進行了精心的設計，如去除了各種複雜難懂和冗余知識，精心挑選了和日常生活密切相關的各種經濟學知識，希望能對您的生活有所幫助。

# 耍廢時看的經濟學
經濟學名詞懶人包

# 第 1 篇　經濟改變你的生活

　　當今社會，經濟對人們日常生活的影響可謂無處不在。CPI、GDP、K 線圖、炒黃金、房價、物價、窮忙族、粉絲、明星效應、中產階級等，這些代表社會經濟發展日新月異的新鮮名詞，不時地出現在媒體以及人們的口中，經濟影響到我們每個人生活的方方面面。尤其是 2008 年金融海嘯過後的時代，人們的生活、工作、收入、戀愛、婚姻、人脈、投資、社會地位、思考方式等，都受到了經濟的影響。那麼它們是怎樣影響和改變我們的生活呢？就讓我們從基本的經濟學知識開始，逐漸認識和了解經濟對我們生活的影響吧！

## 耍廢時看的經濟學

經濟學名詞懶人包

# 第 1 章
# 你應該掌握的經濟學基本概念

　　早上出門上班，你會選擇乘坐大眾運輸工具，還是自己開車？中午休息，你會和同事一起去價格不菲的高級餐廳吃飯，還是去物美價廉的小餐館用餐？你們公司的年終獎分配制度你是否覺得公平？房價跌了，股市空頭了，你找到新的投資領域了嗎？本章我們就從一些基本的概念開始了解生活中的經濟學。我們先從經濟學的概念、分類、效應、重要指標、基本規律、理財消費、成本核算、國際貿易等知識入手，讓你了解到經濟學的概況，從而對經濟學有個基本的印象。

## 1.1
### 望遠鏡的正反兩端——個體經濟和總體經濟

　　在開始新的旅程之前，我們先來了解一下，接下來要講述的「經濟學」是研究什麼的。不管是自然界的還是人類自己創造的資源，總歸是有限的。資源不足或者開發程度不夠，都難以滿足人類的需求。不管是大人還是小孩，當需求得不到滿足時，就會產生資源「稀缺」。大人們可能想要豪華的住宅，但是面對有限的薪資，就會產生稀缺；孩子們可能只需要一球十元的冰淇淋，但是他們身上並沒有那麼多錢，對於孩子來說，這就是稀缺。我們想要改善學生們的教學環境，希望

15

# 耍廢時看的經濟學

經濟學名詞懶人包

能每間教室都安裝電腦，環保人士想要澈底治理被汙染的河川，科學家們希望能夠探索宇宙空間所有的祕密等，社會也同樣面臨著稀缺。

經濟學就是研究人們針對稀缺資源，面對某種懲罰或回報時如何作出選擇的學科，包括個體經濟學（Microeconomics）和總體經濟學（Macroeconomics）。

美國有一名記者叫加里‧諾斯（Gary Kilgore North），他這樣形容個體經濟學和總體經濟學：研究誰能得到錢、我如何賺錢——個體經濟學；研究哪一個政府機關出手闊綽，我們如何能夠讓大家賺到錢——總體經濟學。正如望遠鏡的鏡頭兩端，一個是小倍數鏡頭，即個體經濟學；一個是大倍數鏡頭，即總體經濟學，它們同屬於一個鏡筒即經濟，卻又因定義不同而有所區別。

個體經濟學中的「Micro」一詞來自希臘語中的 mikros，意為「小」，「Macro」一詞源於 makros，意思是大。為什麼要將兩者分開表示呢？具有國際聲譽的英國著名經濟學家約翰‧梅納德‧凱因斯（John Maynard Keynes）提出了總體經濟學，他所研究的重點就是國家透過公共支出和利率與其他國家發生貿易關係的作用。

而個體經濟學更關注人們對於價格、稅收的反應以及市場上供給和需求的相互作用。簡單來說，個體經濟學研究的是個人或企業的行為選擇，例如，小麥漲價了，農民是選擇多種還是少種；總體經濟學研究個人、企業、政府的選擇對整個經濟的影響，例如，一個國家如何能在保持高速的經濟成長的同時還能避免高通貨膨脹率。

個體經濟學可以解決以下三個問題。

生產什麼——工廠決定生產什麼樣的產品以及生產多少。企業是

生產高科技的電子產品呢，還是種植水稻；是提供餐飲服務，還是開家髮廊。

如何生產——產品和服務是怎樣生產出來的呢？在某些地區，每到農作物豐收時，田間總十分熱鬧，人們唱著歌，充滿豐收的喜悅。而在更廣袤的地區，到了莊稼豐收的季節，只見機器轟隆隆的響聲還有零星的一兩個人。而在美國，通用汽車公司會使用人工焊接汽車車體，但在另外一些公司，卻使用機器人從事同樣的工作。機器生產和人工製成，哪個更好呢？

為誰生產——生產出來的產品或服務讓誰使用呢？誰會購買此項產品或服務，該產品和服務就是為誰生產。

同樣，總體經濟學也為我們回答了以下三個問題。

生活水準——人們所消費的物品或勞務的水準。我們現在的生活水準肯定是高於父母祖輩的生活水準的。要想得到較高的生活水準，必須有能力賺錢維持生計。你的生活水準是否一直在上升？你是否擔心過有一天會失業？政府又為經濟的繁榮做出哪些努力？

生活成本——人們為了達到一定的生活水準所花費的、用來購買產品和服務的金錢。為什麼在過去的幾十年裡十塊錢可以買到很多物品，而如今十塊錢連一塊麵包都買不到？

經濟周期——生產和就業的周期性波動。當生產和就業水準下降時，經濟進入衰退階段；相反，生產和就業上升，經濟進入擴張階段。

總體經濟學和個體經濟學雖然被區分開來探討，但它們遵循同樣的規律：供給和需求相互作用、人們面臨稀缺和激勵時會有怎樣的行為。

有人曾說過：個體經濟學針對企業，總體經濟學針對國家。

## 1.2

# 衡量國家財富指標——國內生產毛額

　　我們身邊總有一些人開著豪華汽車、住著洋房，人們習慣把他們稱為「成功人士」。我們說他們是富有的，因為他們資金雄厚。相對於他們來說，還有一部分人生活拮据、收入微薄，只能滿足基本的生存需求。我們對這兩類人，透過一個指標——收入——來判斷他們的富裕程度。這是人與人之間的差別，那麼如何判斷國家與國家之間的差異呢？同樣的道理，我們判斷一國經濟的財力狀況時，也和判斷個體一樣，只需要把整個國家中所有人的總收入加總，透過對收入的計量，來判斷一國的經濟狀況。這種加總被稱為「國內生產毛額」，即我們常說的 GDP。

　　現在，我們明白了衡量一國財富的標準——國內生產毛額，簡而言之，就是把整個國家中所有人的收入加起來，就是一國的財富收入。是不是只有這種方法能衡量一國的富裕程度呢？實際上，國內生產毛額不僅衡量國家中所有人的總收入，還包括對經濟體中物品和勞務的所有總支出。我們可以簡單地理解，一宗交易，總是涉及兩方：買方和賣方。買方的支出正是某位賣方的收入。所以，我們除了用經濟中的總收入之外，有時也會用經濟體中的總支出加總來計算 GDP。

　　在計算 GDP 時，通常用增加值來表示，也就是用一個企業生產出的價值減去企業購買過程中的中間產品的價值。例如，生產一

　　塊麵包需要三個階段：種植小麥──磨麵──製成麵包。假定種植小麥的價值是十元；麵粉廠買進小麥磨成麵粉的售價為二十元，這樣麵粉的增值就是十元；麵包店買入麵粉，生產麵包後的售價為二十五元，麵包新增的價值就是五元。這樣，麵包作為最終產品，它的最終價值就等於每一階段新增價值的總和，即 10+10+5=25 元。由於經濟中的總收入總是等於總支出，所以無論採用哪種方式去衡量一個國家的財富，GDP 都是相同的。

　　每個月領薪水的時候，你肯定會好好地計算一下，薪資單上所列的每一項是不是準確，這裡面的每一項都是薪水收入的衡量指標。衡量一個人的收入很簡單，那麼衡量一個國家的經濟狀況的指標 GDP 裡，具體包括了哪些內容呢？

　　前面說到，我們計算 GDP 時既可以用一個國家的總收入來衡量，也可以用一個國家的總支出來衡量。那麼到底支出是由哪些部分組成的呢？

　　經濟學家在研究 GDP 的組成時，分析了一個經濟中的總支出的構成。GDP（Y）被分為四個組成部分：消費（C）、投資（I）、政府購買（G）、淨出口（NX）。其公式如下。

　　Y=C+I+G+NX

　　其中：

　　消費──是一種經濟行為，人們透過這樣的行為來滿足自身的慾望。例如購買家具、衣服和食物的支出。

　　投資──是將以金錢為形式的貨幣等價物轉化為資本的過程，通常也指一種行為希望引起的回報。例如，購置新房子、購買機器設備，包括讀大學都是一種投資。

　　政府購買——個人有生活支出，政府作為一個集中的個體，也需要購買和消費。政府在商品和勞務上的支出就是政府購買，包括從企業或公司購買、從居民手中購買等。

　　淨出口——國家之間開展貿易，那麼必然有進口和出口。出口產品的價值減去進口產品的價值就是淨出口。當出口額大於進口額時，就會出現盈餘，稱為「貿易順差」；當出口額小於進口額時，就會出現貿易赤字，稱為「貿易逆差」。

　　在面對經濟中的變動時，想要衡量不受物價影響下所生產的物品或勞務的價值，就需要一個合適的衡量指標。經濟中的總支出增加，要麼是生產了更多的物品，要麼是物品的價格更高了。如果用當年的價格衡量經濟中生產的物品和勞務，叫作名目 GDP；如果按照過去某一年的價格來評價今年的物品和生產，也就是用從前某一年的價格作為不變價格來計算，叫作實質 GDP。只有實質 GDP 才能準確反映一國經濟成長的情況。

　　名目 GDP 是以當年的市場價格進行計算，實質 GDP 則是用過去某一年的價格作為基準來計算。政府部門公布的結果一般為名目 GDP，而經濟學家在進行分析時多使用實質 GDP。由於價格發生變動，名目 GDP 並不反映實際產出的變動。

## 1.3

## 核算國民收入的其他指標

　　每個家庭或一些非公司企業都會從雇主或經營過程中獲得收入，

收入有高低之分，為了調節收入之間的差異，政府會開徵個人所得稅。因此，一些高收入者拿到薪水後還要去繳稅，完稅後的收入才是個人真正擁有的可以使用的收入，這就是個人可支配所得。它是家庭和非公司企業在履行它們對政府的義務後剩下的收入。

　　Mary 是一位加拿大人，三年前來到臺灣工作，在一家台美合資的公司擔任品管總監。到了年終，公司為優秀員工頒發獎勵。Mary 因為業績突出而獲獎。公司經理也是一位加拿大人，他語重心長地對 Mary 說：「妳不僅為公司創造了財富，也為我們國家創造了財富。」Mary 聽得一頭霧水，自己明明在臺灣工作，而且是一家台美合資企業，取得的收入來自臺灣境內，怎麼說是為加拿大創造了財富呢？

　　我們在對一個國內居住的人們進行劃分時，會用到「國籍」，雖然 Mary 在臺灣工作了三年，她的薪水收入也是在臺灣境內領取的，但是她本身是加拿大人，並沒有因為在臺灣長久工作而獲得中華民國國籍、成為國民。GDP 衡量的是一個國家的經濟狀況，並不區分這個國家內為經濟做出貢獻的是否是本國國民。我們來看一個新的收入衡量指標——國民生產毛額（GNP），是指一國國民所獲得的總收入。我們把它與 GDP 作一個對比，發現它們最大的不同之處就在於，GNP 包括了本國公民在國外賺到的收入，但沒有涵蓋外國人在本國賺到的收入。也就是說 GDP 和 GNP 之間有國別區分。例如剛才提到的 Mary，她所賺到的收入是中國 GDP 的組成部分，但不是中國 GNP 的組成部分。顯然，Mary 的收入屬於加拿大的 GNP 指標的一部分，卻不是加拿大 GDP 的組成部分。

# 1.4

# 美中有不足——周期和危機

　　現在的人們總是追求新奇和刺激，遊樂項目也變得五花八門，不再像過去那樣登登山、划划船就可以得到心靈上的放鬆和愉悅了。很多人傾向於有挑戰性的、刺激的娛樂體驗，遊樂場裡的雲霄飛車就是一種這樣的體驗，人們坐上去之後，一下子猛衝直上，一會又瘋狂向下，非常刺激。這種上下波動其實和經濟運行的過程一樣。經濟學家把類似於雲霄飛車的這種經濟表現叫作經濟周期。但人們不希望像在遊樂時追求這種上下波動的刺激，而是希望經濟運行能夠平穩安全。

　　每個人都有情緒的低潮和高潮相交替的情況，這是一種情緒生物戒律，反映了人們周期性的情緒規律。一個人如果處在情緒周期的低谷，就很容易喜怒無常、脾氣暴躁；若是處於情緒周期的高潮，就會表現出旺盛的精力，情緒也較穩定，開朗活潑。

　　情緒有周期，經濟也有周期。經濟周期和人的情緒周期一樣，也是周期性出現的一種循環往復、交替更迭的現象。經濟周期也叫作商業周期，一般被分為四個階段：繁榮、衰退、蕭條和復甦。

　　經濟周期的表現是大多數經濟體普遍存在的收縮或擴張，而且持續的時間為二至十年。總的來說，每一個經濟周期都有上升和下降兩個階段。在上升階段，經濟繁榮，物價上漲；在下降階段，經濟蕭條，物價下降。

　　全球金融危機是一場襲捲全世界的經濟風暴，一個或多個國家多項金融指標惡化，也是經濟周期中的波動。人們對未來經濟的預期變

得悲觀，經濟成長受到打擊，還出現大量企業倒閉的現象，經濟蕭條，甚至波及社會穩定。

　　最近一次的全球金融危機是 2007 年 8 月 9 日。自次級房屋信貸危機爆發後，投資者開始對借貸證券的價值失去信心，從而引發流動性危機（Liquidity Run）。即使多國中央銀行多次向金融市場注入巨額資金，也無法阻止這場金融危機的爆發。直到 2008 年 9 月 9 日，這場金融危機開始失控，並導致多家大型金融機構倒閉或被政府接管。

　　道瓊工業指數一向是反映股市的「晴雨表」，它最早是在 1884 年由道瓊公司的創始人查爾斯‧亨利‧道（Charles Henry Dow）開始編制的。在其初始階段，道瓊斯股票價格平均指數是根據十一種具有代表性的鐵路公司的股票，採用算術平均法進行計算編制而成的，目的在於向大眾反映美國股市的走勢情況，涵蓋了包括金融、娛樂和科技等眾多行業。

　　目前，道瓊斯指數是世界上影響最大的一種股票價格指數。各國的投資者都很重視它所發布的數據。道瓊斯指數所涵蓋的股票平均價格是人們觀察股市動態和從事股票投資的一項重要參考。

　　如果想要在股票市場上投資，就要學會分析經濟發展的周期。「沒有只漲不跌的市場，更沒有只跌不漲的市場。」當我們能對所處的經濟環境進行分析時，就能夠判斷此時經濟所處的周期階段，就可以根據不同的周期表現進行不同的投資。

## 1.5

## 經濟學裡的分支
## ——發展經濟學、環境經濟學、行為經濟學

　　第二次世界大戰後，世界格局發生了變化，許多亞、非國家的經濟走上了高速發展的道路，數以百萬計的人們擺脫了貧困。全球經濟不再是由五分之一的富人和其餘的窮人組成，而是由五分之一的富國、五分之三的新經濟體和五分之一的窮國組成新的經濟世界。發展經濟學要關注的就是這五分之一的窮國。

　　2001 年，聯合國制定了千年發展目標，這個目標由八個項目組成，用於改善開發中國家人們的生活境況，計劃在 2015 年達到目標，目標包含以下八項。

　　目標 1：消滅極端貧窮和飢餓。

　　目標 2：普及小學教育。

　　目標 3：促進兩性平等並賦予婦女權利。

　　目標 4：降低兒童死亡率。

　　目標 5：改善產婦保健。

　　目標 6：防治愛滋病、瘧疾和其他疾病。

　　目標 7：確保環境的可持續發展。

　　目標 8：建立以發展為目標的全球夥伴關係。

　　發展經濟學家保羅・科利耶（Paul Collier）認為貧困的國家都會面臨著內戰、國內領導人利用權力占領自然資源、受到貿易遏制、官員腐敗等挑戰，因此，發展經濟學旨在研究幫助最底層的人們脫貧。一些大型組織，如世界銀行、聯合國等的捐款援助，以及對非洲國家

給予的稅收優惠都在幫助著這些貧窮國家。

環境對人的影響很大，但人的行為又影響著環境。自然環境和社會環境影響著人們的消費品質。人們的經濟行為不可避免地和自然資源發生密切的關係。簡單地說，沒有煤、石油、天然氣，用什麼能源作為動力來為國家創造財富呢？然而，在創造財富的同時，這些動力燃料也影響著大氣環境：全球氣候變暖，氣溫上升，極地冰蓋面臨著消融；氣溫的變化，影響著洋流的運動，進而又影響了局部地區的氣候。可能發生的這些後果，讓我們感到生活環境面臨著災難。

各國為了節能減排也制定了很多措施，包括開徵碳排放稅、對燃料進行徵稅、開發太陽能等新能源。環境經濟學立足於現實的角度，希望透過經濟的手段，如稅收等來鼓勵人們減少汙染，解決環境問題。

經濟學裡有一個假定：「人們都是理性的。」人們總是在所有的選擇中挑選那個最有利於自己的，懂得分析成本和收益。事實上，並不是人人都這麼精明、考慮會這麼周全，有時即使想得到，也未必做得到。人有喜怒哀樂，會產生興奮和沮喪，使人們在決策時失去理性。

行為經濟學結合心理學，研究哪些因素驅使人們採取行動。經濟學家發現人們經常做的一些事情，並非給他們帶來很多利益，而是因為他們過分地自信，認為這是「正確的事」。在作決定時，人們還會受到他人的影響，而不是獨立判斷。事實告訴我們，人們並不總是理性地做出符合自身利益的行為。

**1.6**

# 現行市價在不同時期的差別
## ──實質 GDP 和名目 GDP

在二十世紀末至二十一世紀最初的這十幾年，GDP 是個明星詞彙。城市的房地產、教育、通訊、金融業、高速公路、製造業等行業的高速發展，迫使更多的農民將土地貢獻給不斷擴張的城市版圖，大量的農村勞動力擁向城市，為城市的經濟發展做貢獻，這些主要展現在 GDP 上。

GDP 分為名目 GDP 和實質 GDP 兩種表現形式。名目 GDP 是以價格單位進行計算的市場價值總和。實質 GDP 是以實物單位進行計算的市場價值總和。因此，即使總產量沒有增加，僅僅價格水準上升，名目 GDP 仍然是會上升的。在價格上漲的情況下，GDP 的上升只是一種假象，有實質性影響的還是實質 GDP 變化率，所以在使用 GDP 這個指標時，還必須透過平均物價指數（GDP deflator），對名目 GDP 做出調整，從而精確地反映產出的實際變動。

實質 GDP 和名目 GDP 都是用來測量一定時間內的最終產品和服務的。經濟成長一般用實質 GDP 測量，因為實質 GDP 能把價格變動從數量變動中分離出來，是用基期價格（base-year prices）進行計算的。

綜合以上知識，我們總結出如下計算公式。

名目 GDP= 物價 × 產量

實質 GDP= 基期價格 × 產量

平均物價指數 =（名目 GDP/ 實質 GDP）×100%

通貨膨脹率 =（現期平均物價指數 - 基期平均物價指數）/100

有一家大型生產型企業，其 2010 年的名目 GDP 為 15 億元，實質 GDP 也是 15 億元，則 2010 年的平均物價指數即為 1 或習慣上稱為 100%。假如 2011 年的名目 GDP 為 20 億元，實質 GDP 為 18.9 億元，則平均物價指數為 1.1 或習慣上稱為 110%。由於 2011 年的平均物價指數從 2010 年的 100% 上升到了 110%，因此可以說，物價水準上升了 10%，即通貨膨脹率為 10%[(110-100)/100]。

由此案例我們可以看出，名目 GDP 和實質 GDP 的差別所反映的實際是：當期的物價水準與基期物價水準的差異程度，即通貨膨脹的程度。

通貨膨脹與物價有很大的關係。通貨膨脹是指在紙幣流通的條件下，因貨幣供給大於貨幣實際需求，即現實購買力大於產出供給，導致貨幣貶值，從而引起的一段時間內物價持續、普遍地上漲的垷象。其實質是社會總需求大於社會總供給（供遠小於求）。

過度的通貨膨脹造成對普通民眾財富的大肆掠奪，是影響社會穩定繁榮的一大隱患。

# 耍廢時看的經濟學

經濟學名詞懶人包

# 第2章
# 你應該了解的最基本的理財常識

生活其實並不枯燥，除了工作還有很多事情可以做。去股票市場轉轉，你會發現，連年過半百的老人也在津津樂道地談論著股市；去銀行，有讓人眼花繚亂的各種金融產品供人選擇；去車站、機場、飯店，你會看見穿梭如織從事各種商務交流的行人，還有忙著工作為企業為自己賺錢的貨運司機。或許你為自己擁有高額的薪水感到驕傲自豪，但是不要忽略對財務的管理，因為「你不理財」，「財不理你」。

## 2.1
## 你選擇在哪個市場投資──金融體系

最近，我在考慮開一家麵包店。我算了一下，包括店面租金、店內裝修、購買展示櫃、聘請麵包師、雇用服務生在內，至少需要一百萬元才能開成這樣一間小店。但我是一個名副其實的「月光族」，銀行的存款幾乎為零。要開麵包店，這一百萬元的資金從哪去弄呢？

很多企業家在最初創業時，並沒有大量的資金用於投資。也許有的人會有一些儲蓄，也可能會透過向親戚朋友借錢籌到一部分資金。但大多數企業家在一開始甚至是成功創辦自己的企業後，還需要透過其他的方式來籌集資金。一種可能的資金籌集方式是說服別人向你提

# 耍廢時看的經濟學

經濟學名詞懶人包

供企業運轉需要的資金，並在企業盈利時向其提供可以分享的利潤。另外，也可以向一些金融機構申請借款，以支付利息的方式來取得資金。這種籌集資金的方式就要涉及金融體系。

金融體系包括一般的金融市場和金融仲介機構。金融市場是指透過它可以直接提供資金的市場，包括債券市場和股票市場。

我們經常聽說購買國債，不僅是老百姓，政府也需要購買產品或服務，當政府為其購買行為籌資時通常會發行債券，以此籌集資金。或是，政府需要調控經濟，減少市場上的貨幣時，也會發行債券。有的大型企業或公司想籌資時也會會透過發行債券來實現。債券實際上是一種債權人和債務人之間關係的證明。只是債券的性質不同，它所包含的償還期限不同、利息不同、風險也不一樣。國債的風險明顯低於公司債券，但利息也低於公司債券。

籌集資金的另一種方式則是出售公司的股票，股票代表所有權，持有股票者可以透過對企業所有權的擁有，獲得對該企業利潤的索取權。透過股票籌資和透過債券籌資差別很大，股票持有者是公司的所有者，而債券所有者只是企業的債權人。股票持有者可以分享企業的利潤，而債券所有者只能得到債券的利息。

以上講的是金融市場，而金融仲介機構和我們每個人的關係更為密切。我們平常的儲蓄存款、個人小額貸款一般都和金融仲介機構——銀行在打交道。私人企業主不可能像大公司那樣發行股票或債券，一般是透過向銀行貸款來獲得資金。銀行的主營業務就是吸收存款並發放貸款。透過對存款者支付利息、向貸款者收取利息獲得部分利潤。

作為金融仲介機構，銀行吸收較多的存款，才可以發放貸款。那

麼，是什麼原因使人們願意把閒置的資金存入銀行，而不是用於消費或投資呢？其中一個就是國家的政策導向——存款利率。一般認為，存款利率高，這樣的激勵政策將改變家庭的儲蓄數量。相對於之前較低的存款利率，大多數人更樂於將錢存入銀行，家庭將透過減少消費的數量來增加儲蓄的比例。這樣一來，銀行就能吸收到更多的存款，就可以向市場上的貸款者提供更多的資金。

可以想像，存款多了，可供貸款的資金多了，利率自然就下來了。面對儲蓄的激勵，市場上可貸資金的供給增加，利率下降，使得對可貸資金的需求增加，就可以為投資籌集到更多的資金，投資就會增加。大家面對激勵就會做出對自己有利的決定，而這也影響了整個經濟。

但是銀行會不會發生貸款行為呢？答案是肯定的，銀行向國家的中央銀行貸款，向中央銀行支付存款準備金。存款準備金是中央銀行為了保證儲戶提取存款以及銀行自我結算的需要而提前提取的款項。提取的存款準備金占存款總額的比率稱為存款準備金比率。

2010 年，某國的一家銀行因為信用危機發生「擠兌」，人們爭相向銀行提取現金和兌換現金。發生擠兌，靠銀行每天的存款額支付儲戶要求的錢款，是無法一次償還的。銀行無力支付，使得存款人和銀行債券持有者撤出存款、拋出銀行債券，給銀行帶來損失。儲戶因無法得到自己的存款，甚至會與銀行發生衝突，造成社會問題。於是，中央銀行規定，商業銀行要按照一定的比例提取存款準備金，這樣在發生突然事件時，可以有資金抵禦和減少風險。

存款準備金主要是應對銀行的資金償還風險的，所以一般情況下不會經常使用。國家會根據經濟形勢調整存款準備金比率。例如，當需要實行緊縮的貨幣政策時，也就是回籠市場上流通的資金時，可以

透過提高存款準備金比率，這樣存款準備金就會增加。那麼，市場上流通的貨幣就相對減少，從這個角度來看，存款準備金可以作為一種控制貨幣總量的手段來調節貨幣供給的數量。

**2.2**

# 不把雞蛋放在一個籃子裡——投資組合

我們經常會聽到「多元化」這個詞，市場上的產品種類繁多，商家也不斷推出新產品。在投資理財市場上也是同樣的情況。人們可以選擇購買債券，可以買保險，還可以購買股票等。一句話道出了人們在投資時如何有效減小風險：不要把雞蛋放在一個籃子裡。投資理財，可以有多種選擇，而且每一種選擇下還有很多不同的方法。例如購買股票，把所有的閒置資金用來購買一家公司的股票，等於是在打賭。這樣做風險很大，因為每個公司的經營都是難以預測的，或者盈利或者虧損。一旦虧損，投資者孤注一擲的行為所帶來的風險是非常大的。

多元化的資產組合可以有效地降低風險。相比較而言，購買股票所帶來的收益率高於銀行儲蓄存款和債券，但是風險也高於它們。人們在決定如何配置資源時，往往會在風險和收益之間做出選擇。風險和收益是成正比的，而多元化是一種明智的選擇。

「不要把雞蛋放在一個籃子裡」告訴我們：投資時要會分散風險，避免孤注一擲造成的損失。資產分散，按照風險配比原則進行合理的配置，才能實現成功理財。

多元化的資產組合可以有效降低風險，而購買保險也是降低風險

的一種方式，即使它並沒有為你帶來收益。

　　某天，在公車上，一個手拎公文包的男士向一位鄰座的女士兜售保險。女士顯得很不耐煩，這位保險銷售人員倒是很耐心很專業。很多人也有過類似的經歷，地點可能並不是在公車上，而是在大街上，或者是在家門口。

　　常見的保險有意外險、人壽險等。購買者根據自身可能遇到的風險選擇一個險種，向保險公司支付一定的保費，當發生風險時，由保險公司承擔部分或所有的風險。但是購買保險，這種行為本身不會使風險降低。

　　例如，一個人購買了財產保險，並不會減少丟失財物的可能性，但是一旦發生財物丟失，保險公司就會賠償。也很有可能，一直沒有財產損失的事情發生，你向保險公司繳了費，卻並未從那裡得到什麼。而這也正是保險公司存在並能夠盈利的原因。

　　購買保險是一種相對較穩妥的控制風險的方式，除此之外，很多人還熱衷於購買股票。

　　股票也是投資理財的一種方式，而且逐漸為大家所熟知。股票是股份有限責任公司在籌集資金時向出資人發放的憑證。股票持有者持有這種憑證就擁有一些權力，如參加股東大會和參與公司的重大決策等。所有權的大小一般是和股票持有比例成正比的。持有股票可以分得公司的紅利或是股息。股票投資相對於銀行儲蓄、保險等風險要大得多，所以在選擇股票的時候一定要謹慎。

## 2.3

# 低風險賺錢的機會——套利

　　也就是利用相同產品在不同市場上存在差價，低價買進、高價賣出的行為，就是經濟學中所說的套利。

　　同一種商品在不同的地區可能會有不同的價格。比如說，每年的1月份是南方香蕉豐收的季節，有時一斤香蕉的價格在 15 元以下；而同樣是 1 月份，在北方，香蕉的價格卻在每斤 25 元左右。

　　套利行為是不是能一直進行下去呢？答案是否定的，當商品從甲地運往乙地時，需要付出的運費、勞務等成本高於差價時，因為沒有利潤可圖，套利行為就會停止。比如，在南方市場上的香蕉一斤售價漲到 20 元時，從海南每運回一斤香蕉的各項成本加起來為 5 元的話，如果此時內地的香蕉價格剛好是 25 元，那麼這時套利就會停止，因為交易成本總和並沒有實現甲乙兩地香蕉價格上的差異。

　　簡單來說，套利就是這樣的行為：利用資產或實物擁有不同價格的特點，以較低的價格買進，較高的價格賣出，從而獲得收益。套利的模式主要有三種：股票指數期貨（Stock Index Futures）套利、商品期貨套利和選擇權（option）套利。

　　股票指數期貨套利是指在股票指數期貨市場上利用不合理的價格因素或是根據不同期限合約交易而賺取差價的行為。

　　商品期貨和選擇權同樣存在著和股票指數期貨類似的套利策略。

　　套利還可以分為跨期套利、跨市套利和跨商品套利。跨期套利就是利用同一種商品不同交易日出現的價格差異而獲利；跨市套利則是

由於同一商品在不同交易所的合約價格產生差異獲利；跨商品套利即是利用物品間的替代性進行套利交易。

# 2.4

# 時間和金錢——折現

如果現在給你十萬元和十年後給你十萬元，你更喜歡哪一個呢？你會說，當然選擇前者了。因為誰知道十年後的十萬元和現在的十萬元哪個更值錢呢？有了時間制約，現金的實際價值就會發生變化。

小王剛進一家公司，信心滿懷，經過仔細的分析與研究，他擬定了一份專案計劃書。這個專案的預算是一千萬元，也就是一次性投入一千萬，但是這個專案建成後將在十年內的收益達到一千五百萬元。不過當他和上司說起這個專案的時候，上司卻說計劃並不完美。這讓小王很不解。直到他請教了張老師，這才明白了問題出在了哪裡。

為了讓小王想明白是怎麼回事，張老師告訴小王，在衡量未來的金額時，需要把未來的現金折合成現在的價值，這樣才有比較的意義。

假如現在我們手中有閒置的五百萬元，不打算投資，也沒有其他用途。那麼很多人都會把這五百萬元存進銀行。存進銀行總比放在家裡安全，而且還會得到銀行支付給我們的利息。那麼折現和銀行有什麼關係呢？什麼是現金流折現呢？我們假定現在銀行的存款利率是6%，我們要強調一下，這裡的利率是單利而不是複利。複利是在計算利息時，包含了本金和上一環節產生的利率，而單利的計算只是對本

# 耍廢時看的經濟學
經濟學名詞懶人包

金的計算。

500 萬元的本金，6% 的年利率，那麼一年下來，這 500 萬元的存款，除了收到 500 萬元的本金之外，還會有 30 萬元的利息。也就是到了年底去取錢的時候，拿到的將是 530 萬元。反過來，要是想在 1 年後拿到 530 萬元，那麼在 1 年前應該往銀行存進去多少錢呢？這就是我們要考慮的折現問題。按照剛才的假設，1 年後為了收回 530 萬元的現金流折現是 500 萬元。如果我們把 n 年後想要得到的現金設為 Y，年利率表示為 r%，那麼想要在 n 年後得到的 Y 的折現值就可表示為：

現金流折現 =Y/（1+r%）n

例如，剛才我們列舉的 500 萬元的例子，年利率是 6%，我們想在 1 年後得到 530 萬元（Y），那麼現金流折現就是 530/（1+6%）1=500 萬元。

折現的意思可以簡單地理解為，為了將以後年度的金額拿到現在的時間，看看到底值多少錢。我們看看小王的專案計劃。小王的專案預計投資是 1000 萬元，10 年後能賺到 1500 萬元，那我們就要把 10 年後的 1500 萬元折合到現在，看看此計劃是不是合理。我們還是假定年利率是 6%。那麼現金流折現 =1500/(1+6%)10=838 萬元。也就是說小王的這項計劃預計 10 年後能賺到 1500 萬元，但是折合到現在只需要約合 838 萬的投入就可以實現。但是小王預算後的投入是 1000 萬元，高於 838 萬元，因此這項計劃是不合理的。

在國外對於樂透的領取方式也存在這樣的問題。人們總是期盼著有一天買樂透能中個 500 萬，面對這個數字，誰都會動心。世界上幾乎所有的國家都有各式各樣的樂透。在美國就有一個以巨額獎金而聞

名的樂透——Mega Millions，它的最高中獎額度可以達到七八千萬
美元。這種樂透的獎金的領取方式很特別，可以一次全額領取，也可
以分二十六年領取。那麼聰明的你，如果獲得了這樣的機會，你會如
何選擇呢？

# 2.5
# 為自己創造財富——創業

　　很多人不再滿足於朝九晚五的工作方式，不管是社會對人們評價
標準的變化，還是為了享受更高品質的生活，很多人都選擇了創業。

　　有位大學生，他絕對不是老師眼中的好學生，因為他除了正常上
課的時間，其餘的時間全用來在校外做各種各樣的工作。他會去各大
賣場推銷產品，還會去速食店外送。四年下來，儘管他的學生身分沒
有非常稱職，但還是順利地畢業了。畢業後面對好幾家公司的邀請，
他都一一回絕。身邊的人們，對他的做法感到費解。其實，他在心中
早已醞釀好了一個計劃，他要自己創業。在讀書期間，他已經在一所
大學的附近開了一家餐館，聘請了廚師，還提供外賣服務。經過小打
小鬧，累積了一些社會資源，他信心十足，決定創業。後來，在他的
努力下，他所經營的小公司營業額也在不斷攀升，現在事業已經蒸蒸
日上了。這就是一個很現實的創業案例，相信你身邊肯定也會有類似
的朋友。

　　創業和普通的生產經營不一樣。如果被動地接受，等消費者有需
要時再去開拓市場，就已經晚了。創業，如不能主動創造市場，就不

會擁有先機，遲早要被擠下來。但是消費者的需求對市場的影響也是不可忽視的。

創業，最不能缺少的就是資金和想法。創業者除了拿出自己的積蓄外，還可以向家人朋友籌集，如果你夠聰明，甚至可以拿著別人的錢做自己的生意，讓錢生錢。經營的細節以及用人選材都是一門大的學問，創業實際上也是在打理你的「財」。

**2.6**

# 與危險擦肩而過──規避風險

風險就是做一件事失敗的機率。失敗機率越大，風險越高，失敗機率越小，風險越小。風險與失敗成正比，與成功成反比。大到國家改革、企業發展，小到個人投資，時時處處都充滿了風險。

有一句經典名言是：資本家有了 50% 的利潤就會鋌而走險，有了100% 的利潤就敢踐踏人間一切法律，有了 300% 的利潤就敢冒上絞刑架的危險。

可以說，我們做任何事都是有風險的。有風險的事，往往值得我們去做，只要不是違背法律和社會道德的事情。對於經濟活動來說，尤其是對我們這些普通人來說，風險一般來自投資風險和財務風險。

在出版社上班的小張，明明知道用積蓄 30 萬元投資證券會有風險，可能虧本甚至血本無歸，但為了能賺回一大筆，他甘冒風險，投資於證券市場。而股市的震蕩，則造成小張財務縮水，當然如果股市向另一個方向發展他的資產也有可能快速膨脹。這些不穩

定因素造成了小張的投資風險和財務風險，為他的生活也帶來了一定的影響。

那麼，應該如何規避風險呢？

**樹立風險意識。**首先要對各種風險高度戒備，防患於未然。善於把握和處理很多細微事件，從各種事情表象一直挖掘到事情的本質和源頭，並加以系統解決。

**形成應對風險的手段。**一定要使風險最小化、機會最大化。對風險予以分類管理，分為自己與生俱來必須承擔的風險、能夠承擔的風險、承擔不起的風險和不能不承擔的風險等進行相應的管理，並同時配以各種危機處理的措施和手段。

**預防風險。**事前做好充分的調研和分析論證，估計風險存在的機率，有針對性地拿出預防措施，堵塞漏洞，不讓風險發生。

**迴避風險。**有些風險事先可以預料，但客觀條件決定了該風險必然會出現，投資人自身又無法抗拒，對此，投資人的辦法應是迴避風險，即盡量避免與風險因素正面交鋒，而採取迂回的辦法實施投資行為。

這類風險多見於政策風險、法律風險、自然風險、社會文化因素風險等。

**緩衝風險。**有些風險具有出現的客觀必然性，但對這類風險，投資人可以採取適當的措施減少風險的損害，以達到緩衝風險的目的。

**轉移風險。**很多風險的發生是難以預料的，風險來臨時投資人也難以有效地抗拒，但他可以透過一定的方式轉移風險，如對個人或家庭財產投資保險，多元化投資等，都是轉移風險的方法。

駕馭風險。有些風險來臨時,投資人可以憑藉自己的實力和條件,以及適當的措施挽回風險損失,或是化解風險因素。

還是上例中的小張,在投資上,他上班比較忙,沒有太多時間去研究證券走勢,所以應適當減少股票、基金等風險較大的證券類投資,適當投資一些古玩字畫、黃金珠寶這樣的升值潛力巨大又不會大幅貶值的投資產品。在儲蓄上,可以考慮活期儲蓄或者零存整付等方式。在規避風險方面,他首先要對家庭的所有收支進行統計匯總,要對家庭開支作合理的分配,對自己投資的理財產品有清楚準確的把握,對可能發生的投資失敗或者突然增加的大筆開支有相對的應急預案。

以 30 萬元的證券投資為例,如果所買股票、基金或債券出現虧損,可以透過溝淡(不斷以低於先前的股價買入股票,以減低股票的平均買入價,令套牢的股票快點回到平均買入價,減少整體虧損)、停損(在決定買進時,先設定一個可以忍受的範圍;如果將來價格跌破該價位時,立即賣出,避免虧損擴大。)、清倉(將自己已經買進和持有的股票全部賣出)等方法緩衝風險,或者另外投資其他潛在或正在升值的投資產品,或者轉賣給其他人以轉移風險。如果小張經過研究分析認為,虧損只是暫時的假象,而長期持有堅持不賣出才是真正的盈利之道,或者越跌越買才是盈利之道。那麼,他就可以繼續持有手中的股票。不過這些需要足夠的自信和充分的財務知識作為依託。

# 第 3 章
# 經濟學趣味效應

　　經濟學從來都不只是枯燥的數字，它更多地跟財富、時尚、生活、科學、舒適等充滿激蕩和歡樂的社會現實緊密地聯繫在一起，如果能結合實際經驗，將經濟學放到生活當中，人人都可以成為生活中的經濟學家、哲學家，這就是經濟學的魅力。

## 3.1
## 買更多的冰淇淋──財富效應

　　當你身上有二十塊錢的時候，你就想買一球冰淇淋讓自己消暑解渴；當你身上有一百塊錢的時候，你就想給父母、女友、朋友也各買一根，表達一下自己的愛意；當你有一千塊錢的時候，恐怕想買的就不止是冰淇淋了，也許會買西瓜、葡萄、荔枝等水果，外加更好吃的哈根達斯冰淇淋，這，就是財富效應的威力！

　　有一個歷史小故事：商紂王在王宮用餐的時候，有大臣獻上了一副象牙打磨的筷子，光潔玉潤、雅緻精巧。紂王愛不釋手，於是經常在王宮宴會上使用它。賢臣箕子見了，憂心忡忡，於是給紂王進諫說：「大王，您如此喜歡使用象牙筷，為了使用餐的器具配套，您肯定還會使用犀牛角酒杯、黃金碗、玉盤，如此一來，豈不是要花費很多錢

財嗎？長此以往，會使國庫虧空，緊接著上行下效，全國人都學您的奢靡之風，這樣國家就危險了！」

天下之濱，莫非王土；率土之濱，莫非王臣。商紂王為天下之主，自然富甲天下，但是卻因為過分奢靡，最終導致國家的滅亡。這個故事從反面印證了財富效應。

財富榜的富豪，可以比普通百姓有更高的生活品質，他們的財富決定了他們的消費水準。

什麼樣的收入決定什麼樣的消費思維，如果你腰纏萬貫、富甲一方，肯定會熱衷於投資；而如果你只是個中產階級或者普通收入的人，那麼餐飲、閒聊、衣食住行，大概就是你的主要思維了。

暴發戶老闆買悍馬、高級房地產、私人飛機、移居國外，這些都是他們貨幣財富急遽膨脹的結果，他們需要用貨幣換取的奢華品在社會上迅速贏得一種身分地位，獲得精神上的滿足。由此，我們也可以得出結論：財富效應，既包括貨幣（金融）財富，也包括精神財富。

貨幣財富經常與股票、債券、基金等金融工具緊密聯繫在一起，凡是炒股的人、擁有股權的人，肯定對此印象深刻。股票下跌，垂頭喪氣，一個人借酒澆愁；股票上漲，喜氣洋洋，大宴賓客，財富效應對整個社會都有巨大的影響。

## 3.2

## 貸款似乎變得容易了——利率效應

在現代經濟中，金融與企業的關係可以說是如膠似漆、難解難分，

企業在發展過程中，完全不與銀行發生業務關係，是不可能的。

　　企業的發展壯大，需要資金的推動，而資金，除了企業自有以外，大部分要靠銀行的調配支撐。如果物價在貸款期限內不變，銀行的貸款利率低的話，對企業來說無疑等於是福音降臨，因為利率低了企業的利息負擔就低，貸款換取的生產資料就多，而貸款的時間也就可以延長，這對企業的發展顯然是有利的。

　　我們假定在數年之後，隨著經濟的不斷發展，工人的薪水相應地上漲，導致工人的購買力大大加強，他們大量購買使企業生產的產品供不應求，最終導致物價上漲。而物價的上漲，導致人們對貨幣的需求相應地增加，在貨幣的市場供應不變的情況下，銀行就必須提高利率以緩解自身儲存貨幣的不足，抑制人們對貨幣需求的欲望，企業此時取得貸款的難度無形中就加大了。

　　由此我們可以看出，利率與貸款的難易程度是成反比的。正是由於低利率，銀行才能吸引優秀的企業前來貸款，銀行的工作人員也才能獲得工作上的業績。如果大量的貨幣屯放著不能有效投資，銀行的工作也會不好展開。但是輕易放款的話，又會增加銀行的風險，兩者是一種相互的關係。但毫無疑問的是，很多企業都在銀行貸款方面受益良多。

# 3.3

# 國外的鈔票也能帶來收益——外匯交易

2012 年 4 月 23 日，作為美國歷史上最悠久和最權威的民意調查

# 耍廢時看的經濟學
## 經濟學名詞懶人包

機構，蓋洛普網站公布了最新移民調查結果，全球有逾 6.4 億人有移民傾向，在這些人中，約有 1.5 億人表示想要移居美國，而中國想要移居到美國的人有 2200 萬人，居全世界之首。

一份名為「加拿大投資移民計劃的經濟影響」的報告顯示，自 1986 年以來，共有 13 萬人獲准透過投資移民方式進入加拿大。如今很多人都有了移居國外或者國外旅遊的機會，這是我們一般人接觸外幣的機會之一，多為消費型接觸，還有一種是純投資型接觸，就是炒外匯。

外匯交易比股票要靈活得多，可以不受時間限制，一天 24 小時隨時交易。在如今的資訊時代，任何的國際國內新聞，都可能會影響到外匯的交易，因此做外匯交易要對財經等新聞隨時關注。

張女士本來從事金融業工作，不過當有了孩子之後，便開始了家庭主婦的生活。由於多年從事金融行業積累的經驗，她一邊操持家務，一邊開始了外匯投資。她的投資也很有規律，每天晚上十點是必須關注的，因為在這個時間段，美國經常會發布重要的經濟數據，這些數據會影響匯率的變動。

因為時差的原因，她晚上睡覺都開著筆記型電腦，方便隨時醒來觀察市場的行情。為了更方便地操作，她還讓在英國定居的姐姐幫忙開設了帳戶。對於她來說，投資外匯並不困難，她每天可以去健身房，然後還可以看看電視、陪家裡人聊天。她是一個典型的當沖交易者，雖然利潤不是很高，但也收入不菲。在整個操作的過程中，她總結了大量的經驗，並獲得了包括婆婆在內的家人的支持。

張女士在外匯市場上的交易，跨越地域，為自己賺取了收入。女

性比男性更理性、沉靜，她們設定的投資組合風險會更低，品種也更多元化。而男人則也樂得讓家中的嬌妻來管理家庭財產。既然她也是投資組合的未來受益者，為什麼不能和她一起來管理呢？很有可能，具有同樣天賦秉性的女人在交易中可以比男人更加出色。

# 3.4

## 到國外去走走吧——匯率效應

匯率，簡單地說，就是在國際貿易中，一國兌換另一國貨幣的比率。匯率效應，和我們前面講過的利率效應有某種相似的特性，那就是成反比。匯率越低，一個國家進口產品的交易額就會受到抑制，而出口產品的交易額就會上升，反之，這個國家出口產品的交易額就會大大降低。

匯率效應對國民經濟主要有七個方面的影響：

①進出口國際貿易以及國際經濟關係；

②資本流動；

③國內物價；

④外匯收入；

⑤外匯儲備；

⑥國民收入和就業；

⑦整體國民經濟。

李先生 2019 年 10 月到美國旅遊，在美國看到 LV 專賣店，他為太太看中了一個粉紅色的 LV 包，標價為 500 美元，而同樣的

包包在臺灣標價為 5 萬元台幣，如此一來，以 2019 年 10 月的 1
美元兌換約 30.65 元新台幣的匯率，相當於在美國售價 15325 元
新台幣的 LV 包，在臺灣就要貴將近三萬五千元。

有利益產生的地方，必然會產生逃避規定，以謀取更大利益的思
維。這就是中越邊境上，有些越南婦女為了避免政策的約束，身上會
穿五到七層衣服的原因：中越邊境來往方便，致使許多越南人為了賺
更多的錢，就想出了這個頻繁穿梭邊境，多多攜帶貨物的招數。

匯率效應對國民經濟影響深遠，保持一定程度的低匯率，有利於
在國際貿易中保持貿易順差，擴大出口，從而帶動國內的就業，增加
民眾的收入，增加國家的外匯收入和外匯儲備，加大資本在國內的活
躍流動，帶動相關行業的發展，從而提高國內消費水準，拉動整個國
民經濟的發展。

但是因此而帶來的不利因素就是：一定程度上損害了與其交易的
其他國家的經濟發展。因此，美國才會屢屢要求中國提高新臺幣匯率。
這也可以看出，美國在國際貿易中有很大的遊戲規則制定權，展現出
美國在國際地位上的長期優越性。

國民經濟中，匯率效應能起到很大的作用，但也不能片面擴大其
效用。影響國民經濟的因素很多，因此，專注於發展本國的經濟才
是正道。

## 3.5

## 全球化下的蛋──開放經濟理論

　　美國的經濟學作家湯馬斯‧弗里曼說，世界是平的。這個觀點在
2006 年以後風靡全球，因為當今的世界，早就是全球化、一體化的世
界，世界早已不是一個個孤立的分割的、封閉地域性的世界，而是成
為了一個開放的、不斷延展的平面世界，世界已經成為一個整體。

　　開放經濟理論就是在全球經濟一體化的大背景下產生的，它將國
民經濟與國際貿易聯繫起來，納入考量國民經濟的主要方面之一。這
個理論認為，國民經濟是由民眾的消費和投資、政府的消費和投資，
以及進出口對外貿易組成，它是一個開放的系統。

　　美國財政部 2012 年 3 月的統計數據顯示，中國持有美國國債 1.17
萬億美元，繼續超過日本，是世界最大的美國債權國。國債是每個國
家政府發行的借據，即政府以自己的信譽向有錢人借錢，來發展政府
各種所需項目，如機場、鐵路、高速公路的建設、軍事技術研發、農
工商等行業技術投資等，不一而足。國債是現在金融投資領域相對風
險較低、報酬率較高的一種金融工具，只要國債發行國政府的信譽可
靠，財政赤字穩定，購買風險就比較小。

　　美國國債是世界上比較搶手的國債，報酬率很高，而且較其他的
一般經濟體來說比較穩定，雖然近幾年投資的可行性有所下滑，但絕
沒影響中國、日本等國對其的購買。

## 3.6

## 歷史是一面鏡子——經濟發展過程

唐太宗李世民說：「以銅為鏡，可以正衣冠；以人為鑑，可以知

# 耍廢時看的經濟學

*經濟學名詞懶人包*

得失。那麼，以歷史為鑑呢，可以自糾自查，也能知得失。」

經濟的發展，從歷史的角度看，是一個不斷向前發展演化的過程。經濟能成為一門學科，也就能成為一部歷史。從整個歷史的發展層面來看，人類經歷了原始社會經濟——奴隸社會經濟——封建社會經濟——資本主義社會經濟——社會主義經濟——資本主義與社會主義經濟並存的過程；從社會發展的性質來講，經歷了食物採集時代——農耕經濟——工業化經濟——資訊化經濟等階段。從意識形態來說，有資本主義經濟和社會主義經濟、計劃經濟與市場經濟之分。

從一國的國民經濟來看，它由政府財政收入、政府投資與消費、國民薪資收入、對外貿易收益等部分組成：從學科領域來細分，還能分出許多的經濟類型：以時間為橫軸、收益和支出為縱軸，就可以畫出經濟歷史性的發展狀況，傳達出對未來經濟發展的規律性、預見性、經驗性的認識。

美國有經濟學者指出，今天的中國，跟以前的美國，何其相似。是的，隨著全球化進程的不斷加快，中美兩國的貿易往來日益頻繁，兩國人民的交往也比歷史上任何一個時代都要頻繁和緊密。經濟發展首先是一個不斷積累的過程，一個新舊更替的過程，一個不斷大膽嘗試，不斷摸索和總結反思的過程。

經濟發展是一個螺旋上升的發展過程，總趨勢是不斷向前發展，中間可能會遇到這樣或那樣的阻力，發生暫時的反覆或者倒退，但總體而言是在不斷向前發展。

# 第 4 章
# 你應該了解的生活成本核算

10 塊錢，現在能買到什麼？從小時候 5 毛錢的冰棒，到現在 20 塊的冰淇淋，再到 100 塊的哈根達斯，每個人都經歷著物價上漲的這個過程和時代。我們每天都在享受現代生活的便利，當然也在消費時間和金錢。如果，身邊有人突然失業了，而且並非是自己自願失業，你會提供給他什麼樣的幫助？本章將為大家講到這幾年比較熱門的 CPI（消費指數）、稅收、通貨膨脹、失業、公共保障政策等經濟常識。

## 4.1
## 通貨膨脹對我們的影響大嗎？──消費者物價指數

人們現在越來越關心一些數據，經常聽人們在閒談中聊到一些指數，如 GDP、CPI 等。我們已經了解了一些關於 GDP 的內容，那麼什麼是 CPI 呢？

簡單地說，就是吃穿住行。CPI 就是把一些和居民生活相關的產品及勞務的價格做出統計，來觀察物價變動程度的一個指標。通常也是評價通貨膨脹的一項重要指標。

在臺灣，CPI 由十個部分構成，分別為服務類、交通及通訊、外食、居住、房租、教養娛樂、衣著、醫藥保健、雜項、食物。

像每一個指數一樣,之所以得出指數,是因為它有一個比較期,即存在一個基期。選擇的基期越久,得出的 CPI 越大,因為產品價格和品質變化較大,這樣可比性就降低。因此選擇一個合適的基期是非常重要的。

如今的 10 塊錢只能購買很少的物品,這是因為我們生活中的物價一直在變。10 塊錢能買到多少東西,就是衡量它所帶給百姓的消費者物價指數的水準。

## 4.2

# 你的錢被別人用了——稅收和我們生活的關係

班傑明‧富蘭克林有句名言:人的一生有兩件事是不可避免的,死亡和納稅。稅收與人的日常生活息息相關,對於上班族來說,最常見的稅種是個人所得稅。

經濟學家看待問題,總是比較全面,他們認為徵稅會對市場上資源的價格產生影響。例如,政府規定,每生產一球冰淇淋,都要繳納 1 塊錢的稅,這樣一來,冰淇淋的價格便提高了。實際上,對冰淇淋徵稅的行為會打破了市場上原有的供需均衡的狀態,反而使冰淇淋在市場上處於劣勢。

人人都講公平和效率,經常有人提出,為了展現公平,應該向富人徵稅。因此有人認為,對遊艇、高檔手錶、高爾夫球具進行徵稅,實際上就是在向富人徵稅。因為,這些商品只有富人才能消費得起,對其徵稅,展現了公平的原則。實際上卻並非如此,如果說對這些奢

侈品徵稅，使得窮人的境況更糟，而對富人的利益毫無損傷，你會相信嗎？

稅收原理裡面有一個詞——稅收歸屬，研究的是稅收的最終承擔者。我們前面講到的對冰淇淋徵稅，會提高冰淇淋的價格，消費者為了享受冰淇淋的美味，必須承擔一部分稅收，但是生產者也有可能承擔一部分稅收。這樣，對冰淇淋徵稅的最後結果是，生產者和消費者同時承擔了稅收，成為稅收的歸屬。

而像遊艇、高檔手錶這類奢侈品，並不是生活必需品，這些產品的需求非常富有彈性，也就是說，價格的稍微變動，都會引起需求的大幅變動。比如對遊艇徵稅，遊艇漲價了，那麼富人們可以選擇不出海或少出海，他們會選擇其他的休閒方式，比如他們會增加去高爾夫球場的次數。

但是此類商品的供給卻是缺乏彈性的。如果提高徵稅，生產遊艇的企業就要面臨需求減少所帶來的損失，有可能降價銷售甚至停產，那麼最終，對奢侈品徵收的稅收歸屬就落在了生產這些奢侈品的員工身上。

到底是誰承擔的稅負更多呢？經濟學家們總結後認為，在供給雙方中，彈性越大的一方，承擔的稅負越小。但是在對日常消費品的徵稅上，則恰恰相反，彈性越小的一方，承擔的稅負越大。比如，對稻米、白麵徵稅，增加的價格都會由消費者負擔。

## 4.3

# 「係數的魅力」——恩格爾係數和基尼係數

人們的消費支出主要是用在衣、食、住行上，另外還有很多個人教育學習、旅行的花費。人們總是首先滿足了吃穿，才會有高層次的消費需求。十九世紀中期，有一位叫恩格爾的德國統計學家和經濟學家對不同收入的家庭消費情況進行了調查，研究了收入對消費需求支出構成的影響，得出一條結論：一個家庭收入越少，用於購買食物的支出在家庭收入中所占的比重就越大。對於國家來說，一個國家越富，每個國民的支出中，用來購買食物的費用所占比重就越小。因此，可以用食物占個人消費支出的比重——恩格爾係數來衡量一個國家和地區人民生活水準的狀況。

根據聯合國糧食及農業組織提出的標準，恩格爾係數在 59% 以上為貧困，50% ～ 59% 為溫飽，40% ～ 50% 為小康，30% ～ 40% 為富裕，低於 30% 為最富裕。

我們來舉一個例子，會計師事務所的審計員小吳一個月的收入是 28000 元，每天中午的便當一個 80 元，下午回家吃飯，每周還有兩到三次的朋友聚餐，每次的開銷都在 1200 元左右。小吳沒有存款的意識，喜歡消費和享受，因此除了飲食支出外，剩餘的薪水全用來進行各項消費。

計算了一下，小吳一個月在食物消費上的支出大概是 6000 元，因為剩餘的薪水全用來消費，所以小吳的恩格爾係數應該是 6000/28000=21%。根據聯合國糧農組織的標準，小吳的恩格爾係數低於 30%，屬於最富裕的。

當然，小吳是個特例，因為下午下班回家吃飯，而且我們也

沒有考慮到個人消費的偏好，有些人群特別是女性，食物支出的比重較男性偏低。而且我們沒有計算她下午的用餐費用，因此得出的數據不能代表普通族群。

小吳的例子讓我們知道了恩格爾係數到底是用來衡量什麼的。

我們還是能確定一點，隨著居民生活水準的不斷提高，恩格爾係數在不斷下降。

基尼係數是義大利經濟學家基尼於 1912 年提出的，它主要用來測量收入分配的差異程度。基尼係數最大為「1」，最小為「0」。通常用居民收入分配中不平均的那一部分占總收入的比值來界定。

居民之間收入分配的不平均，也就是一個人把所有的收入都占了，那麼基尼係數則為「1」；而人與人之間的收入沒有太大差別時，也就是完全平等了，那麼比值為「0」。當然，這是兩種絕對情況，在生活中是不會出現的，實際的基尼係數是介於兩者之間的。

當基尼係數低於 0.2 時，表示收入的絕對平均；0.3 ～ 0.4 表示收入分配結果相對合理；0.5 以上則表示收入差距懸殊。通常把 0.4 作為收入分配的警戒線。

# 4.4

# 此消彼長——失業和通貨膨脹

上市公司在進行利潤分配時，分配給股東的利潤叫作「紅利」。隨著經濟發展、人們觀念的轉變，很多國家的人口生育率在迅速下降，造成人口高齡化、少兒人口比例迅速下降，勞動年齡的人口比例上升。

# 耍廢時看的經濟學
經濟學名詞懶人包

在老齡人口比例達到一個較高的水準之前，會形成一個勞動力資源相對豐富的「黃金時期」，人口學家將這稱為「人口紅利」。

和「紅利」相對的則是「債務」，有「人口紅利」，則也有可能面對「人口負債」。「人口債務」就是不斷加速的高齡化問題。人口高齡化會帶來勞動力成本加大，降低生產性人口的比例，最後直接影響勞動生產力。

「人口紅利」時期，勞動力資源豐富，但這種紅利並不是長久持續的。從勞動力要素的供給和社會資本的積累方面來看，「人口紅利」時期勞動力資源豐富，所能積累的社會財富也不斷增加。把握好「人口紅利」時期，創造就業，保持低的失業率，勞動對經濟成長的參與度和貢獻度才會展現出來。人口紅利是和就業失業密切相關的一個詞。

農作物生長都有季節，因為季節性使一些人群的暫時「失業」，叫作「季節性失業」。比如建築行業，當室外溫度過高或過低時都會停止施工造成建築工人暫時失業，另外製糖業也會因作物的生長季節而出現「季節性失業」。

不管是製糖業還是棉花採摘，我們都能看出，並不是工人自身原因造成的工作中斷或失去工作。這就是「非自願性失業」，也就是工人願意在現行的薪資水準和工作條件下繼續從事勞動，但還是找不到工作。

季節性失業是非自願性失業的一種，除此之外，還有因為產業結構調整使勞動力市場的供給與需求不吻合而產生的「結構性失業」，因為求職者缺乏資訊而產生的「摩擦性失業」，因為經濟周期的循環，在經濟衰退和低谷期而產生的「周期性失業」。

　　失業和通貨膨脹之間又有什麼關係呢？傳統意義上，都會認為經濟的成長會帶來薪水的提高，薪水提高又會引起物價上漲，從而導致通貨膨脹。關於通貨膨脹和失業之間的關係，英國經濟學家 W・菲利普斯提出了失業與通貨膨脹之間的一種交替關係──通貨膨脹率低時，失業率較高；通貨膨脹率較高時，失業率低。

　　1970 年代，美國經濟萎靡不振，加上物價上漲，1979 年，美國的失業率達到 6%，通貨膨脹率高達 14%。面對這樣的經濟形勢，美國總統吉米・卡特任命沃克為美國聯準會主席。

　　沃克上台後，決定把精力放在降低通貨膨脹上。我們知道，銀行承兌匯票的持票人要想在匯票到期日之前取得資金，需貼附一定的利息將票據權利轉讓給銀行，才能從銀行取得融通資金。沃克把貼現率提高到 12%，提高貼現率意味著提高了貸款的成本，從而減少了貨幣量。

　　起初，沃克的政策實施並未收到什麼效果，通貨膨脹率依然很高，與此同時，失業率也攀升達到 10%。但沃克繼續堅持實施這種緊縮的貨幣政策，終於在 1984 年使通貨膨脹率降低，經濟轉為繁榮。

　　沃克實現了低通貨膨脹率的目標，但這最終是以高失業率為代價的。通貨膨脹率每減少 1% 所必須放棄的每年實質 GDP 成長的百分比叫作「犧牲率」。經濟學家把犧牲率確定為 5%。沃克使通貨膨脹率由 1980 年的 10% 降至 1984 年的 4%。按此理論，國內生產毛額減少了 30%。雖然實際上國內生產毛額降低得並沒有這麼嚴重，但是在這一時期，美國經歷了 10% 的高失業率。

菲利普曲線表述了失業率和通貨膨脹率之間的關係，即兩者之間存在著反向變動的關係。

## 4.5

# 政府會幫你渡過難關——解決失業的公共政策

1948 年，德國設立了「德國復興信貸銀行」，為第二次世界大戰後聯邦德國的重建提供資金。這是一家政策性銀行，銀行主要的客戶是中小型企業，主要向它們提供小額貸款，還對他們實行稅收優惠政策。法國政府也對中小企業給予一定的財政補貼。在這兩國，發展中小企業都是促進就業的一種途徑，是政府針對失業所採取的一項公共政策。

德國政府設立的這家銀行，正是政府在應對失業時所提供的一種公共政策。中小企業在吸納就業人口時往往能起到很大的作用，政府對中小企業發展的支持，能在很大程度上解決失業問題。

除了對中小企業進行政策扶持，為靈活就業人員創造就業機會，國家還透過一些培訓機構針對就業現狀進行了有針對性的培訓。尤其是針對外語和 IT 等行業進行指導培訓，透過組織再就業培訓等方式促進就業。

失業並不是永久的，有國家的政策，有自身的努力，渡過困難只在朝夕。

曾經，在美國，一名男子槍殺妻子和 5 個孩子後飲彈自盡。這名男子在殺人前留下一封絕筆信，在信中，他稱自己和妻子最近都被醫

院解雇，絕望之際，用此極端的做法，求得解脫。

失業給人們的生活帶來很大的衝擊，全球經濟危機使失業成為人們最擔心的事情，由失業引發的暴力犯罪事件也不在少數。

# 4.6

# 高薪酬、高效率——效率薪水理論

有沒有作過調查，你所領取到的報酬是高於市場平均水準、等於市場平均水準，或是低於市場平均水準的報酬呢？高於一般薪資水準的薪水，人們都認為會增加企業的成本。但仔細想一想，如果員工得到的是一個和平均薪資水準持平的薪水，那麼員工在離職後，會很容易找到一個同等待遇的工作。而面對高於平均薪資水準的待遇，員工就願意付出更多的努力，忠實地為企業效力。

高水準薪資減少了員工的流動性，保持了員工工作的穩定性，因而降低了人力資源及其他相應的成本。高薪水也提高了員工的生活水準，保證了員工的身體健康，他們自然也就有精力好好工作、學習技能，繼而提高工作效率。員工積極，企業效益才能不斷提高。

二十世紀初，美國汽車工業進入了飛速發展時期，但是在這個行業，工人流動性很大，給企業帶來很大壓力。福特汽車創始人亨利·福特向福特汽車公司的員工支付每天5美元的薪水。他的這一項舉措讓很多人難以理解。因為在當時市場上銷售一部福特汽車才440美元左右，一般工人的薪水也就2～3美元。因此，當時的5美元引起了很大的轟動。人們排起長隊在福特公司門口找工作。

## 耍廢時看的經濟學
經濟學名詞懶人包

　　高於一般水準的薪水，使得外界一直在關注著福特採取此項措施的效果。事實證明，福特公司的員工技術水準較高，人員穩定，銷售業績也很好。高薪水刺激了工人的積極性，工人的勞動生產力提高了，降低企業了生產成本，因此福特的汽車價格比別的廠家便宜了許多。福特公司這種支付較高薪水的做法被認為是降低成本最好的方式之一，被很多行業效仿。

# 第5章
# 你應該知道的事實——短期經濟波動

　　短期經濟波動是指在較短的一段時期內，通常為 40 個月以內的各種經濟波動。這種經濟波動雖然放在整體的經濟波動中會顯得比較微弱，但是對每個人的經濟收入和生活影響卻很大。所以知道短期經濟波動的事實，可以幫助你看清楚當前的經濟形勢和發展動向，避免盲目地參與投資以及其他經濟活動。短期經濟波動是與我們關係最緊密、最直接的經濟活動，所以需要認真學習和研究。

## 5.1
## 以不變應萬變——名義變項

　　名義變項在數學和經濟學中都是重要的基本概念，數學中的名義變項指的是在現有的前提和條件不變的情況下所確定的數值。那麼，什麼是經濟學中的名義變項呢？簡單地說，剔除了價格因素，用貨幣單位表示的經濟學變項就是名義變項。那麼，包含價格因素，用實物單位表示的經濟學變項就是真實變項。

　　為了直觀地了解名義變項的定義，我們先來看一個經濟生活中的例子：

　　　　2010 年，一斤豬肉的價格在 50 元左右，到了 2011 年售價變

為 75 元,這裡發生變化的是價格,因為這個變項所用的單位是貨幣(元),我們叫作名義變項!假設此時因為物價的上漲,發生了通貨膨脹,通貨膨脹所造成的影響就只會反映在名目 GDP 中而不會反映在實質 GDP 中。而「真實變項」指的是物品本身的交換價值,在 2010 年豬肉 50 元一斤的時候,2 斤豬肉可以換到 1.5 斤牛肉;到了 2011 年豬肉價格為 75 元一斤的時候,2 斤豬肉依然只能換到 1.5 斤牛肉,這個時候我們就可以說真實變項沒有發生變化。

經濟學家們在經濟模型中引入名義變項的作用有三個。

分離異常因素的影響。

檢驗不同屬性類型對因變項的作用。例如,薪水模型中的文化程度、季節對營業額的影響。

提高模型的精度,相當於將不同屬性的樣本合併,擴大了樣本容量(增加了誤差自由度,從而降低了誤差方差)。

必須要說明的是,因為有了名義變項和真實變項,也就有了名目經濟與實質經濟、名目 GDP 與實質 GDP、名目利率與實質利率,還有貨幣中立性等概念,這些都是古典經濟學與現代經濟學的重要概念,也是這兩個經濟學互相區別和聯繫的重要概念。因此,也引出了一個重要概念:古典二分法,這是經濟學中的一個基本工具,有助於我們規律地認識經濟現象。

古典二分法有三個層次的基本含義:一是貨幣與實物,貨幣現象與實質經濟過程的二分;二是經濟學理論的貨幣分析與實際分析的二分(經濟理論和貨幣理論);三是經濟體系中一般價格水準平均貨幣價格或絕對價格與實際商品交換比率的相對價格的二分。

這三個層次的二分使許多古典經濟學家對經濟中的名義變項和實

際變項進行了嚴格的區分，並將兩者孤立開來。而在現代經濟學中，名義變項與實際變項是既有區別又有聯繫的，需要我們根據實質經濟狀況去分析。

　　古典二分法的基本觀點是貨幣經濟與實質經濟是二分的，認為貨幣等名義變項與產出等實際變項之間沒有必然聯繫，當經濟系統的實際變項達到均衡以後，如果所有名義變項發生相同尺度的變化，此時並不能影響經濟系統所有實際變項的原有均衡狀態。古典二分法是把經濟分為兩個互不相關部分的研究方法，認為產量是由制度、資源、技術等實際因素決定的，與貨幣無關；貨幣的供給量則決定著物價水準。

　　古典二分法是十九世紀法國經濟學家讓・巴蒂斯特・薩依（Jean-Baptiste Say）於 1827 年提出來的，他認為商品總是為商品所購買，貨幣在其中起的是瞬間的交換媒介作用，所以又稱為貨幣中立性。

## 5.2

# 透過現象看本質──真實變項

　　在古典經濟理論中，真實變項被認為是最重要的，它們反映了經濟的真實情況，而名義變項只是一種表達的工具而已。名義變項和真實變項是一個變項在不同的前提下的不同說法，名義變項是在現有的前提或條件下確定的數值，真實變項是在現有的前提或條件發生改變後的數值。名義變項和真實變項是用來比較條件發生改變時該變項的變化情況。

# 耍廢時看的經濟學
經濟學名詞懶人包

　　某國 2000 年的 GDP 為 190 億元，2008 年的 GDP 為 200 億元，這些都是名義變項。要想比較這兩年的 GDP，就要去掉變化的條件造成的數量的變化，如價格因素的影響。如果剔除價格因素的影響，即 2008 年的 GDP 按照 2000 年的價格來計算應該是 180 億元，也就是說與 2000 年相比，2008 年的實質 GDP 是 180 億元，而不是 200 億元。從名義變項的角度來講，2008 年的 GDP 高於 2000 年的，而從真實變項的角度來講，2008 年的 GDP 低於 2000 年的，就是說經濟不但沒有成長，反而倒退了。

　　真實變項可以定義為以實物數量衡量的變項，又叫實際變項，簡單地說，就是不包含價格因素的經濟學變項。

　　真實變項不包含價格變動因素，因此，把名義變項剔除價格變動因素就是真實變項。也就是說，名目 GDP 就是用當前價格計算的，而我們知道，價格是不穩定的，如通貨膨脹之類的因素就會影響 GDP 的比較。比方說，去年的名目 GDP 為 20，而今年的是 40，我們在沒有得到充分的數據之前不能簡單地說 GDP 漲了 50%，必須扣除價格因素，這樣才能得到實質 GDP。它們之間的關係是：

　　實質 GDP= 名目 GDP/GDP 平減物價指數

　　GDP 平減物價指數又稱平均物價指數，是指沒有扣除物價變動的 GDP（名目 GDP）成長率與剔除物價變動的 GDP（實質 GDP）成長率之差。它的計算基礎比 CPI（反映某個時期內居民消費水準的物價指數，是在現代經濟中經常被用到的重要經濟概念，是國民經濟發展的重要指標）廣泛得多，涉及全部商品和服務。除消費外，還包括生產資料和資本、進出口商品和勞務等。因此，這一指數比 CPI 能夠更加準確地反映一般物價水準走向。

經濟專家們之所以關注 GDP 平減物價指數，還因為與投資相關的價格水準在這一指標中具有更高的權重。

那如何計算 GDP 平減物價指數呢？統計年鑑裡平減指數是沒有的，但是有 GDP 指數。有以固定年為 100 的和以上一年為 100 的，然後就可以算出實質 GDP。舉例來說，2005 年的名目 GDP 是用 2005 年的價格水準算出的，而實質 GDP 則是用 2000 年的價格水準算出的（如果選 2000 年做基年的話）。有了實質 GDP，可以很方便地算出 GDP 平減物價指數。

# 5.3
# 貨幣增發並不能刺激工業──貨幣中立性

貨幣中立性是經濟學理論界長期探討的一個重要概念，也是貨幣數量論的一個基本命題的簡述。自 17 世紀開始，探討至今已有 400 年，是指貨幣供給的成長將導致價格水準的同比例成長，對於實際產出水準沒有產生影響。總體來看，古典學派和新古典學派的經濟學家都認為，貨幣供給量的變化只影響一般價格水準，不影響實際產出水準，因而貨幣是中性的。

貨幣短期不是中性的，長期是中性的。在短期，貨幣投放的數量會影響產量。這就是菲利普曲線，即通貨膨脹和就業率面臨著短期的權衡取捨。這正是總體經濟學創始人，經濟學史上最重要的經濟學家之一，與愛因斯坦、佛洛伊德同名的凱因斯的總體調控的理論依據。

但在長期，貨幣是中性的，投放的貨幣數量只會影響價格，不會

## 耍廢時看的經濟學
經濟學名詞懶人包

影響產量。這正是繼凱因斯之後，世界上又一最為人所知的經濟學家，1976 年諾貝爾經濟學獎獲得者，弗利德曼的貨幣主義觀點。

自 1930 年代凱因斯的經濟學理論成為西方世界發展經濟的主要思想源泉以來，貨幣政策作為金融總體調控工具走上了歷史舞台。但對於貨幣政策的有效性，西方經濟學界長期以來一直爭論不休：凱因斯學派重視貨幣政策的作用，主張「相機抉擇」；貨幣學派不重視貨幣政策的作用，主張「單一規則」；理性預期學派完全否定貨幣政策的作用，提出「政策無效性命題」。

1984 年，中國建立了二級銀行體制，貨幣政策開始發揮調控作用，但與西方經濟學界一樣，人們對貨幣政策的有效性也有不同的認識，概括起來，主要有「完全肯定」、「部分肯定」和「完全否定」三種觀點。

中外經濟學界之所以對貨幣政策的有效性產生如此大的分歧，主要原因是對貨幣政策賴以發揮作用的理論前提，即貨幣的性質（中性抑或非中性）缺乏共識。為此，從源頭上全面系統地梳理貨幣性質認識方面的學術文獻並尋求其歷史啟示，就具有十分重要的現實意義。

貨幣性質認識的歷史演進，關於貨幣的性質是中性還是非中性，英國著名的貨幣理論家勞倫斯·哈里斯（Laurence Harris）曾經提出過一個標準的定義：「如果在由名義貨幣供給變動所引起的最初均衡被破壞之後，新的均衡是在所有的實際變項的數值和貨幣供給變動之前相同時而達到，貨幣就是中性的。當模型不能滿足這些條件時，貨幣就是非中性的。」

對於哈里斯的貨幣中立性和貨幣非中性的定義，可作如下解釋。

(1) 若貨幣供給變動（增加或減少）並不改變實質經濟變項，如投資、消費、產出和收入等，只引起價格水準的同比例變動，貨幣就是中性的。

(2) 若貨幣供給變動（增加或減少）改變了實質經濟變項，如投資、消費、產出和收入（無論增加或減少）等，貨幣就是非中性的。

在經濟學史上，貨幣中立性論是古典經濟學的一個基本主張，其代表人物主要有威廉·配第、約翰·洛克、亞當·斯密、薩伊、約翰·斯圖亞特·穆勒等。貨幣非中性論的先驅人物及其觀點在經濟學史中，像貨幣非中性論與貨幣中立性論一樣影響深遠。貨幣非中性論的先驅人物主要有約翰·羅、馬克思、威克塞爾等。

任何經濟理論都是時代的產兒。古典經濟學的「貨幣中立性論」是和其所處自由資本主義階段的時代背景聯繫在一起的；凱因斯學派的「貨幣非中性論是基於 1930 年代人危機的時代背景；貨幣學派和理性預期學派的「貨幣中立性論」與 1960、70 年代滯脹的時代背景密切相關。

# 5.4

# 令人有點迷惑——名目利率

利率政策是總體經濟管理中的重要工具之一，利率在國家經濟中主要有以下幾個作用。它是對儲蓄的報酬，對獲得收入的人如何把收入在目前的消費與未來的消費之間進行分配有影響。利率的結構控制

## 耍廢時看的經濟學
經濟學名詞懶人包

將積累起來的儲蓄在不同的資產——金融資產和實物資產之間進行分配。利率政策對儲蓄與投資的過程產生影響，而且透過這些過程對金融資產的發展與多樣化、生產的資本密集度以及產值的成長率都產生影響。

所謂名目利率，是指央行或其他提供資金借貸的機構所公布的未調整通貨膨脹因素的利率，即利息（報酬）的貨幣額與本金的貨幣額的比率，即指包括補償通貨膨脹（包括通貨緊縮）風險的利率。

簡單地說，就是用貨幣表示的利率。相應地，實質利率就是用商品表示的利率。

老王在銀行存入1萬元。利息的年利率是5%，利息是500元，這就是包括了通貨膨脹或者通貨緊縮的名目利率。

假設老王存款的時候，物價水準是蘋果25元一公斤，那麼，500元的利息就可以買到20公斤蘋果，只要物價保持這個水準不變，老王的購買力和存款隨之帶來的利息收益就不會受到影響。

第二種情況，當老王存款以後，物價上漲，現行的物價水準是蘋果40元一公斤，那麼，500元的利息就只能買12.5公斤蘋果了，如此，我們就可以得出結論，因為通貨膨脹導致物價上漲，500元錢就貶值了，實質利率縮水了一半，而不考慮價格因素，1萬元的利息仍然是500元，名目利率保持5%不變，但實質利率已經變成了2.5%。

名目利率並不是投資者能夠獲得的真實收益，還與貨幣的購買力有關。如果發生通貨膨脹，投資者所得的貨幣購買力會貶值，因此投資者所獲得的真實收益必須要剔除掉通貨膨脹的影響，這就是實質利率。

實質利率是指物價水準不變，從而貨幣購買力不變條件下的利息率。名目利率與實質利率存在著以下關係。

(1) 當計息周期為一年時，名目利率和實質利率相等，計息周期短於一年時，實質利率大於名目利率。

(2) 名目利率並不能完全反映資金時間價值，實質利率才真實地反映了資金的時間價值。

(3) 以 i 表示實質利率，r 表示名目利率，n 表示年計息次數，那麼名目利率與實質利率之間的關係為

1+ 名目利率 =（1+ 實質利率）×（1+ 通貨膨脹率）

一般簡化為：

名目利率 = 實質利率 + 通貨膨脹率

(4) 名目利率越大，周期越短，實質利率與名目利率的差值就越大。

例如，如果銀行一年期存款利率為 2%，而同期通貨膨脹率為 3%，則儲戶存入的資金實際購買力在貶值。因此，扣除通貨膨脹成分後的實質利率才更具有實際意義。上例中，實質利率為 2%-3%=-1%，也就是說，把錢存在銀行裡是吃虧的。在中國經濟快速成長及通貨膨脹壓力長期難以消解的格局下，很容易出現實質利率為負的情況，即便央行不斷加息，也難以消除。所以，名目利率可能越來越高，但理性的人士仍不會將主要資產以現金的方式在銀行儲蓄，只有實質利率也為正時，資金才會從消費和投資逐步回流到儲蓄。

名目利率與有效年利率的關係也是個很重要的概念。有效年利率也稱等價年利率是指按給定的期間利率每年複利 m 次時，能夠產生相

同結果的年利率。

有效年利率 EAR=（1+ 名義年利率 / 複利期間次數）× 複利期間次數 -1

概略的計算公式可以寫成：

r=i+p

其中，r 為名目利率，i 為實質利率，p 為借貸期內物價水準的變動率，它可能為正，也可能為負。較為精確的計算公式可以寫成：

r=（1+i）（1+p）-1

i=（1+r）/（1+p）-1

這是目前國際上通用的計算實質利率的公式。

## 5.5

## 熱錢的風向標——實質利率

實質利率是指剔除通貨膨脹率後儲戶或投資者得到利息報酬的真實利率。當物價穩定時，名目利率和實質利率是一致的。但當出現通貨膨脹時，經濟代理人就需要對這兩種利率加以區別。

一般地，估計實質利率的辦法是：名目利率減去以某種標準得出的國內通貨膨脹的變動率。在利率由行政當局確定的國家，政策制定者可以調整名目利率，設法使實質利率為正，這樣可以對儲蓄起到激勵作用，可以增強金融媒介的作用，還可以促進金融市場的統一。

但學術界在利率政策對儲蓄、投資和產值成長率的實際影響方面仍存在意見分歧。一些經驗論的研究報告表明，相當大的負數實質利

率對經濟成長並不會始終產生像大多數常規理論預測的那些不利影響。其他的研究報告也發現，實質利率與儲蓄水準之間，或者實質利率與投資水準之間，並沒有什麼直接關係。

　　由於這些經驗論的結果一部分是取決於實質利率是如何估計的，因此，了解這些估計中所涉及的概念問題是很有必要的。經濟學家歐文‧費希爾給實質利率下的定義是，它只是對現在的貨物比對未來同樣的貨物多支付的百分比溢價。費希爾的定義的要點是：

　　①肯定而得到保證的支付；

　　②肯定而得到保證的償還；

　　③肯定的日期。

　　如果採用這個概念，也可以把實質利率看作是按被放棄的未來消費計算的現時消費的有關費用。

　　簡單地說，實質利率是從表面的利率減去通貨膨脹率的數字，即公式為：實質利率 = 名目利率 - 通貨膨脹率 /（1+ 通貨膨脹率）

　　也可以將公式簡化為：

　　名目利率 - 通脹率（可用 CPI 成長率來代替）

　　一般銀行存款及債券等固定收益產品的利率都是按名目利率支付利息，但在通貨膨脹環境下，儲戶或投資者收到的利息報酬就會被通貨膨脹侵蝕。

　　　　假設一年期存款的名目利率為3%，而CPI通貨膨脹率為2%，則儲戶實際拿到的利息報酬率只有1%。由於中國經濟處於高速成長時期，很容易引發較高的通貨膨脹，而名目利率的提升在多數時間都慢於通貨膨脹率的成長，因此時常處於實質利率為負的狀態。

也就是說，如果考慮通貨膨脹因素，儲戶將錢存入銀行最終得到的負回報——虧損，即為負利率。負利率環境將誘使儲蓄從銀行體系流出，刺激投資和消費，很容易引起資產價格的泡沫並有可能進一步推動通貨膨脹，央行一般都會透過持續加息的方式來改變經濟體的負利率運行狀態，抑制通貨膨脹，資產市場的泡沫也會逐步消退。所以，股票投資者在實質利率為負的初期還可以繼續加碼，但如果負利率持續時間過長，由總體調控引發的風險就會加大，需要隨時考慮退場。

設 i 為當年存貸款的名目利率，n 為每年的計息次數，則實際貸款利率 r（n）為

r（n）=（1+i/n）×n-1

當 n 趨於無窮大時，r 則為連續複利利率，欲使到期的連續複利與實質利率存款收益相同，則 r 應滿足

r=n·ln（1+r（n）/n）

使用插值法計算實質利率（內含報酬率）出現誤差是肯定的，因為它是用直線函數取代曲線函數，問題在於如何減少誤差，減少誤差的關鍵在於盡量縮小這個直線段的長度。第一種插值法中的直線段長度僅為 1%，而第二種插值法中的直線段長度為 5%，顯然應以第一種方法為準。

嚴格按插值法的要求來做，與透過解複雜的方程求得準確數值相比，其誤差是非常小的，在實際工作中可以忽略不計。

費希爾提出的實質利率的概念有兩個重要的含蓄意義。

第一，目前的犧牲是透過在未來的某一日期獲得一系列的消費品和勞務來達到平衡。這些消費品和勞務取決於透過現時儲蓄融資的投

資所創造的資產。

　　第二，實質利率決定資源用於生產資本貨物和用於生產消費品的比例。

　　這兩個蓄意義都直接決定了人們對實質利率抱有什麼看法，而這對儲蓄和投資以及它們的使用情況有著重大的影響。在那些對儲蓄和投資作決定的人們的心目中，長期的實質利率是關係最密切的，因為資本貨物要經歷一段很長的使用期。而且，由於這些決定取決於人們預期將來會發生什麼情況，因此，應該作為對名目利率的一個調整因素，不是過去的或現時的通貨膨脹率，而是人們預期的長期中的通貨膨脹率。

　　鑒於經濟代理人對長期的實質利率作出決定的重要性，這種利率水準的變化具有深遠的影響：如果它的水準上升，未來債權的現值將會下降，個人財產的價值也會下降；如果它的水準下降，就會發生相反的情況。至於實質利率的升降對任何具體資產價值的影響，則根據該資產的耐用性而有所不同。當長期實質利率上升時，擁有較耐用資產的個人在他們的資產的現值方面受到的損失，將比擁有不那麼耐用的資產的個人受到的損失大。如果長期實質利率下降，他們的獲益往往會比較大。

　　長期的實質利率的變化是名目利率變化和預期的通貨膨脹率變化相結合的結果。在衡量預期的通貨膨脹率時，通常參考貨物，如消費者物價指數或批發物價指數等。

# 5.6

# 存的越多，獎勵越多——儲蓄激勵

老楊是大學附屬中學的老師，每月基本薪水為 3500 元新臺幣，五險一金等折成現金有將近 1000 元，另外，他每周周末到附近的技術培訓學校去代課，一月下來也有 6000 元左右的收入。他有套 90 平方公尺的兩室一廳的房子，月供 2500 元，日常開銷 1000 元，這樣，他每月尚能儲蓄 5000 ～ 6000 元，考慮到平時開銷不大，於是選擇了銀行推出的定活兩便，這一儲種的利率要高於活期儲存。

老楊按照自己的收入水準和日常開銷，選擇了利率較高的儲蓄方式，其計息原則是：存期超過整存整取最低檔次且在 1 年以內的，分別按同檔次整存整取，利率打 6 折計息；存期超過 1 年（含 1 年）的，一律按 1 年期整存整取，利率打 6 折計息；存期低於整存整取最低檔次的，按活期利率計息。

定活兩便儲蓄具有定期或活期儲蓄的雙重性質，其公式為：

利息＝本金 × 存期 × 利率 ×60%

因定活兩便儲蓄不固定存期，支取時極有可能出現零頭無數。出現這種情況時，適於用日利率來計算利息。

除了這種正面的激勵，還有一種為了刺激消費的負激勵。社會保障對工作時期的儲蓄就是一種負激勵。社會保障的存在，使人們對未來養老的擔憂減少，工作時的收入就會更多地被花掉。一個明顯的例子就是上一代人都很喜歡儲蓄，因為他們那時還沒有社會保障，必須自己為養老做準備，而現在的年輕人則很少儲蓄，一則是社會觀念變

了，二則是因為有社會保障，他們不必為自己將來的養老發愁。

銀行鼓勵更多的人將更多的錢來儲蓄，而政府，更多地想要刺激消費，因為政府的業績，尤其是各地方政府的業績，長期以來都是依靠 GDP 的成長來實現。大量的消費意味著大量的產品被使用，產品的大量使用能增加零售、賣場、工廠的就業和利潤，實現物流的大量流通。加快貨幣的快速流通，從而影響金融、證券等行業的發展。而金融、證券業的興盛進而促進新聞、通訊、資訊等行業的發展。新聞、通訊、資訊等行業的興旺又能促進教育和包括網路、搜尋引擎等在內的電腦等高科技的發達。教育和高科技的發展就會提高整個社會人力資源的素質的提升，從而帶動整個社會的前進。

正因為此，美國前總統歐巴馬於 2011—2012 年，在政府財政赤字高達萬億美元的情況下，仍然鼓勵政府透過大幅採購等消費手段來促進美國的就業。自 2008 年世界金融危機、2011 年占領華爾街事件以來，美國的失業率居高不下，嚴重影響了歐巴馬連任的機率，政府威信也嚴重受挫。對政府來說，這種消費就是一種負激勵，如同給休克假死的人做電擊一樣，屬於反向治療。

# 耍廢時看的經濟學

經濟學名詞懶人包

# 第 6 章
# 跟老外做生意，就應該懂點國際貿易

　　清政府時期的閉關鎖國，封鎖了和外界的經濟、文化、政治、外交等方面的聯繫交流，盲目自大，不知道天外有天。貿易，讓人們享受到更多更好的產品和服務，讓你可以在中國品嘗到法國甘甜的葡萄酒，可以穿著義大利設計師設計的衣服，也可以讓外國人感受到中國文化，如禪道文化、茶文化、旅遊文化、古玩文化等。本章就來為大家介紹一點兒國際貿易方面的知識。

## 6.1
### 讓他為你生產吧── 生產可能性邊界

　　現在看看你身上穿的衣服，再回想一下中午那頓美妙的午餐，還有現在手裡正握著的書本。雖然我們並不認識為我們提供這些物品和服務的人，但卻正是他們改善了我們的生活。

　　一位牧民和一個農民是鄰居，他們的食物全靠自給自足。牧民每天除了放羊外，還在自家門口種了水稻和蔬菜；農民則種植了大面積的水稻和蔬菜，同時圈養了幾只羊。他們每天各自忙碌約 8 個小時，牧民每天產出 0.5 斤的水稻和蔬菜和 2 公斤羊肉，農民產出 1.5 公斤水稻和 0.5 公斤羊肉。

　　牧民如果全天種植水稻和蔬菜，他可以生產 2 公斤，如果全

# 耍廢時看的經濟學
經濟學名詞懶人包

天牧羊則生產 4 公斤的羊肉；農民也用同樣的做法試了一下，發現每天全部種植水稻和蔬菜，可以有 4 公斤的產量，而羊肉有 1 公斤的產量。

有一天，聰明的牧羊人突然得知農民生產一公斤水稻和蔬菜只需要 2 小時，但是生產一公斤的羊肉卻要 8 小時。牧羊人心裡想，要是我專門生產羊肉，農民專門生產水稻和蔬菜，然後做交換，生活狀況都會有改變啊。於是，他跑去和農民商量。農民半信半疑決定去找村裡最具智慧的人問問。

每個人相對他人都有比較優勢，比較優勢是相對於他人在某項生產上所具有的劣勢來說的。擁有比較優勢，是開展貿易，使雙方都獲得利益的原因。

19 世紀的英國處於工業革命時期，當時的英國主要是出口工業製成品，進口農產品和原材料。因為農產品及穀物的進口導致國內谷價下跌，農場主紛紛要求限制穀物進口。

英國政府為了保護農場主的利益，於 1815 年修訂了《穀物法》，此法限制了穀物的進口，增加了對農場主的保護，提高了國內穀物的價格。但他們沒有想到，由於穀物價格的上漲，工業生產部門的成本也隨之提高，再加上英國此項限制穀物進口的政策，使得其他國家對英國的工業製成品也採取了限制政策，英國的工廠主由此受到了損失。

於是就《穀物法》的修訂展開了討論。參與討論的有英國的經濟學家李嘉圖，他提出了「比較優勢」一說。他認為，英國在工業製成品生產和穀物生產上都有優勢。但相比其他國家來說，生產工業製成品的優勢比他國更強，應該擴大工業製成品的出口，換取國外的穀物，這樣的做法才是對英國最有利的。1946 年，《穀物法》被廢除，後來，

英國專門發展工業品生產，從而成為了世界工廠。

## 6.2

# 養牛還是養雞？——機會成本

　　在生活中，有很多大學生在畢業後選擇了工作，但是越來越多的人選擇繼續深造。當這些人把幾年的時間用於讀書、學習時，其他一起畢業的同學都已經工作了。為了繼續讀書，他們放棄工作，沒有薪水收入這就是他們在獲得教育時所產生的成本。有時候，為了得到一種東西就必須放棄別的東西，而必須放棄的東西就是你的機會成本。選擇繼續讀書還是就業，就要比較一下機會成本的大小。工作一年可能領到的薪水是 5 萬元，要是選擇繼續深造，那麼獲得知識的機會成本是每年 5 萬元。

　　前面例子中，憨厚的農民聽了智者的話，跑回家，對牧民說，好吧，咱們交換吧。可是，要怎麼交換呢？這確實是一個問題，牧民也不知如何回答。他們又來到智者的住所，向他請教。智者微笑著說，並不困難。

　　智者對農民說：「可以交換是因為你有相對於牧民占絕對優勢的水稻和蔬菜生產技術，相同的產量你花費的時間更少。但要考慮交換的方式，就要考慮到各自的機會成本。你生產 1 公斤水稻和蔬菜需要 2 小時，生產 1 公斤羊肉要 8 小時。當你用 2 小時生產 1 公斤水稻和蔬菜時，就減少用於生產羊肉的 2 小時。由於你生產 1 公斤羊肉需要 8 小時，所以就會少生產 1/4 公斤羊肉。這樣，你生產 1 公斤水稻和

# 耍廢時看的經濟學

經濟學名詞懶人包

蔬菜的機會成本就可以說是 1/4 公斤羊肉。」

智者又向牧民解釋了同樣的道理，讓牧民知道自己生產 1 公斤水稻和蔬菜的機會成本。下面的表格是農民與牧民的機會成本數據。

我們的日常生活中到處都充滿了機會成本。有一次，公司安排外出見客戶，不湊巧的是，公司所有的車輛都已經有了安排。我只好選擇出門乘坐公共汽車。但是到了公交站才發現，我所在的地方是一個小站，每隔半小時才會有一趟公車。

但是，此時距離和客人見面的時間只有 20 分鐘了，沒辦法，我只好打計程車過去。因為司機師傅選擇了較近的一條道路，路況也比較好，15 分鐘後，我就趕到了事先約好的地點，和客戶見了面。原本乘坐公共汽車只需要花費 15 元，但是改坐計程車卻花費了 150 元，雖然比計劃多花了 135 元，但是我覺得這是值得的，因為打車為我節省了時間，使我順利見到客戶。在這半個小時的時間內，透過和客戶的交談，我為公司簽下了 10 萬元的訂單。雖然多花了三十幾塊錢，創造的財富卻遠遠多於 135 元。我想，這就是「時間就是金錢」的展現吧。

我的這次與客戶交易的過程中，在坐公車還是打計程車這樣的選擇中就要考慮機會成本。機會成本在做選擇時隨處可見。比如，一位白領想要辭掉原來的工作，自己創業，那麼他就要好好考慮經商所得到的收益能否大於原來工作所得到的收益。不過，我們不能忽視一點，即使白領在原工作職位時一年能拿到的年薪是 20 萬元，經商所得到的收益只有 19 萬元，但是經商給他個人帶來的滿足感和成就感是他做白領所無法感受到的。因此，即使經商所得到的金錢收益並沒有做白領時的薪水高，但可以說，他的跳槽還是成功的。

# 6.3

# 貿易真的就那麼好嗎

　　我們繼續最初的故事。智者在對機會成本進行分析後，繼續對牧民和農民說：「現在你們明白了不管是生產水稻還是生產羊肉都有機會成本，但是我還是沒有告訴你們該如何交換。當你們每個人生產具有比較優勢的物品時，你們所得到的總產量就增加了，所以交換可以使你們的狀況都好於以前。比較一下各自的機會成本，農民生產 1 公斤水稻的機會成本小於生產 1 公斤羊肉的機會成本。所以農民應該用更多的時間生產水稻和蔬菜，而牧民應該用更多的時間生產羊肉。」

　　對於交換的方式可以遵循這樣的原則：交易的價格在兩種機會成本之間。具體來說，交換的價格應該是在農民的機會成本（每公斤羊肉對 4 公斤水稻和蔬菜）和牧民的機會成本（每公斤羊肉對 0.5 公斤水稻和蔬菜）之間。只要交易的方式在這個範圍內，雙方都可以以低於自己生產的機會成本的價格獲益。比如說，農民在和牧民交換時，只要得到的羊肉的價格低於其生產羊肉的機會成本——4 公斤水稻和蔬菜，就都是有利的。同樣，牧民從農民手中得到水稻和蔬菜的價格低於其生產水稻和蔬菜的機會成本——2 公斤羊肉時，也是有利的。

　　故事中，農民和牧民改變了以前的生活習慣，選擇用更多的時間來生產自己更有優勢的產品。農民專心生產水稻和蔬菜，牧民專心生產羊肉，他們透過貿易交換各自需要的物品，使自己的生活狀況好於以前，從而得到更豐富的物品。

　　這種個體之間的交易情況同樣適用於國家之間，只是情況要複雜

# 耍廢時看的經濟學

經濟學名詞懶人包

得多，透過各國的專業化貿易，可以使各國獲得更多的物品。

農民和牧民的故事讓他們的村長知道了，村長覺得充分貿易是非常有必要的。以前只知道自給自足，缺少這種交易，現在則應該大力提倡。於是，村長決定召開大會，商量和其他鎮之間進行貿易往來的事宜。

會上，以牧民和農民為代表的一組非常擁護鎮長的決定，他們以自己的親身經歷告訴村民。農民說他現在專心務農，種植了很多蔬菜和糧食，牧民和自己交換後，自己得到比以前更多的羊肉，蔬菜和水稻產量增加，生活狀況越來越好。

另一些人則極力反對開展貿易，他們列舉了開展貿易的幾種壞處。

鄰村 A 擁有豐富的鐵礦資源，如果透過貿易，依靠 A 村供給鐵礦和鐵器工具，那麼一旦和 A 村發生了衝突，將會受制於 A 村，他們會中斷鐵礦資源的供應，那樣就沒有足夠的兵器和工具來保衛家園了。

他們還認為一旦和 A 村進行貿易，他們現有的羊毛織物的價格就會下降，因為 A 村的羊毛織物也會流入本村。一旦羊毛織物價格下降，本村很多羊毛工坊的產量就會減少，這樣一部分人就會失去工作。

對於本村剛剛興起的毛毯生產業也是一種打擊。A 村的毛毯紡織業已經有很多年的發展歷史了，工藝和花色都要好得多。本村的毛毯生產嚴重影響了這個新行業的成長。因此，他們極力反對開展貿易。

那麼，貿易到底是好是壞呢？實際上透過貿易交換，A 村提供了更低廉的鐵礦和鐵器，方便了 B 村以便宜的價格儲備武器，並不存在

什麼威脅。在減少一些行業職位的情況下，實際上也創造了另外一些工作職位，因為 B 村還在向 A 村生產和銷售他們具有優勢的產品，這些產品的生產需要更多的人力。新興的產業在成長中是不可避免地要承受暫時的損失，貿易保護並不是最好的方法。

相反，透過貿易，兩村的村民得到了更加多樣的物品，他們有了更多的選擇；兩村之間有了競爭，產品更加物美價廉；因為貿易，村民之間也多了交流和溝通，生產技術也有了大的提高。

# 6.4

# 貿易的基礎──匯率和關稅

各國之間要進行貿易，但是使用的貨幣標尺不一樣。比如我們使用新臺幣，美國人使用美元，那麼在交易中，我們就要衡量貨幣之間的支付能力。一國貨幣兌換另一國貨幣的比例，也就是用一種貨幣來表示另一種貨幣的價格叫作「匯率」。

一般來說，本幣的匯率低，也就是說本幣對外幣的比值低，那麼意味著本幣比外幣貶值，這種情況是有利於出口，能起到抑制進口的作用。相反，如果本幣匯率上升，則不利於出口，但是卻有利於進口。

匯率的變化最直接的展現是在發生國際貿易時。新臺幣升值了，陳先生出國，相比於以前就划算得多了。個人和國家之間的貿易標準，依靠的是匯率。相互間的貿易，就意味著需要進口，還有出口。進口是指從他國購進物品，出口是指對外銷售自己的產品和勞務。

貿易使各國的人民獲得更多種類的物品，但這並不意味著每個人

# 耍廢時看的經濟學

經濟學名詞懶人包

都將從中受益，貿易還會使一部分人的利益受損。在國內擁有百家高端電子生產廠商的李某，最近很是苦惱。西歐 A 國最近研發出了一種更科學更先進的產品，李某他們同系列產品的市場佔有率受到很大的挑戰。

李某身邊的祕書，看到他總是悶悶不樂，就勸他說：「我們現在難以確定對方產品的價格，而且，從國外購進的產品在海關那裡要徵收關稅。產品本身的價格再加上這道關稅，他們在價格上就不具有優勢。我們只要繼續不斷地改進產品的性能，再加上合理的價格，一定能在市場上站穩腳跟。」李某聽了，覺得確實是這麼回事。過了 1 個月的時間，A 國產品打入中國市場，但因其價格比李某的產品貴了近 1 倍，在國內電子市場上的佔有率並不及李某的同系列產品。李某他們當月的銷售並未出現大的波動。

國外生產的產品進入國內市場勢必對國內同樣產品的生產者造成影響。關稅（就是對進口產品所徵收的稅）可以用來削弱這種影響。我們想一想，徵收關稅，使得進口產品的價格提高，政府增加了稅收，同時也保護了國內同類的產業。但是國內消費者為此付出了代價，他們必須要以高於產品的價格購買產品。

不僅是國外生產者需要承擔關稅，為了避免走私，進入一國所帶物品超過規定的限額的個人，也要繳納關稅。所以入境時，還是少帶點東西吧。

# 6.5
# 貿易順差和逆差

　　如何評價一國的對外貿易情況呢？各國政府主要依靠對外貿易平衡表來向公眾進行披露。這張平衡表裡系統地記載著出口和進口的數據。按照對外貿易出口大於、小於、等於進口的情況，將其分為貿易順差、貿易逆差或者貿易平衡。

　　在一定時期內，通常按一年計算，對於貿易雙方進行買賣貨物的交易，如果甲方的出口金額大於進口金額，或者是乙方的出口金額小於進口金額，對甲方來說，進口和出口之間的這個差額就是貿易順差；對乙方來說，就是貿易逆差。衡量貿易的得失，就是透過順差或逆差來展現。貿易順差的一方，可以說賺了錢，而貿易逆差的一方則是付出了錢。

　　貿易順差也並不是越高越好，過高的順差意味著本國經濟對外部市場的依賴程度較高。而且巨額的貿易順差也加劇了外匯儲備的風險。過高的貿易順差，還會引起與貿易夥伴國之間的摩擦，不利於經濟的持續、健康發展。

　　貿易逆差又被稱作「貿易赤字」，衡量的是一國在特定年度內的進口額大於出口額的狀態。貿易逆差，使一國在對外貿易中處於不利地位，因為逆差意味著資源外流。出現了貿易赤字，意味著要向別國償還債務，因此就需要在市場上購買他國貨幣。這樣，就會使本國的經濟表現較弱。因此，在面對貿易逆差時，政府會把貨幣貶值，因為貨幣貶值，有利於產品出口，從而能夠提高出口產品的競爭力。

貿易平衡是一種相對來說比較理想的狀態，是指一國在一年內外貿進、出口基本上趨於平衡，但這種現象並不多見。總地來說，設法保持進出口基本平衡，略有結餘是最好的。

國際上通常認為，貿易差額與貿易總額的比值在 10% 以內，那麼對外貿易就可以說是基本平衡的狀態。

**6.6**

# 道高一尺，魔高一丈——傾銷與反傾銷

傾銷是指一個國家或地區的出口經營者以低於國內市場正常或平均價格甚至低於成本價格向另一國市場銷售其產品的行為；反傾銷是指一國（進口國）針對他國對本國的傾銷行為所採取的對抗措施。

那麼，究竟應該如何理解傾銷與反傾銷行為呢？簡單地說，傾銷與反傾銷只存在於國與國之間，是國際貿易自我保護的一項措施。傾銷的目的在於擊敗競爭對手，奪取市場，將給進口國的生產商及產業帶來一定的損害。主觀意圖上，經營者會以低廉的價格更多的銷量來占領市場，逐漸形成壟斷並操縱價格。

2004 年 2 月 17 日，美國國際貿易委員會建議對原產於中國等 6 個國家的冷凍和罐裝暖水蝦徵收高額反傾銷稅，他們認為中國等 6 個國家的此類產品對美國本土的此類產品構成威脅，屬於傾銷行為。

2012 年 4 月 19 日，美國國際貿易委員會宣布，從中國進口的化學增白劑對美國相關產業造成實質性損害，將對這種產品徵收反傾銷稅。

# 第1篇　經濟改變你的生活
## 第6章　跟老外做生意，就應該懂點國際貿易

　　按照傾銷的定義，若產品的出口價格低於正常價格，就會被認為是傾銷行為。出口價格低於正常價格的差額被稱為傾銷幅度。所以，確定傾銷必須經過三個步驟：確定出口價格；確定正常價格；對出口價格和正常價格進行比較。

　　認定傾銷和反傾銷行為有什麼國際法規做依據呢？目前在國際上主要有依據 WTO 的《反傾銷協議》，全稱為《關於實施 1994 年關稅與貿易總協定第 6 條的協定》。

　　國際上最早的反傾銷法規產生於加拿大，在 1914 年第一次世界大戰以前世界上透過反傾銷立法的國家僅有 4 個：加拿大、澳洲、紐西蘭和南非。它們都是英聯邦國家，其立法過程受到英國殖民當局的操控，目的在於維護英聯邦內部利益，抵制非英聯邦成員國的產品進入英聯邦市場。加拿大等國的反傾銷法則明顯帶有歧視性質，它並沒有充分考慮消費者和中間生產者的利益，為了給差別價格銷售尋找一個形式上的合理的反對理由，它將所有的低價銷售行為不區分性質地定義為「傾銷」。

　　1916 年美國制定的《關稅法》首次引入了針對壟斷性定價行為的反傾銷條款。1921 年美國對該條款進行重大修訂並形成了《反傾銷法案》，該法案發表的基本背景是，1920 年美國經濟出現了重大衰退，失業率高達 12%，美國國內產業亟須制定具有保護性質的法律規則。1947 年美國將其國內的 1921 年《反傾銷法案》夾帶進由其主導的《關稅與貿易總協定》中，並最終形成了《1947 年關稅與貿易總協定》第 6 條，該條款逐漸演變成今天的 WTO《反傾銷協議》。

　　這個國際貿易準則有何缺陷呢？首先，它是一個鼓勵貿易保護主

# 耍廢時看的經濟學
經濟學名詞懶人包

義的溫床，不符合西方所津津樂道的自由經濟的精神；其次，規則在操作上具有模糊性和隨意性，使得不少別有用心的國家利用此規則將不公正的意志強加於他國。

市場經濟的一大特性就是市場自由，競爭自由，交易靈活，傾銷與反傾銷就是國家行政層面對這種「過於自由」的經濟進行的政府干預，這不是萬能的靈藥，也許短時間內可以保證本國的經濟利益不受損害，但其中也有很大的弊端。這和官場的官官相衛、地方保護主義是同一個層面的行為，對他國的經濟利益會造成很大損害，如美國、歐盟等國家或者國際組織對中國以及其他國家的反傾銷經濟制裁就是這種行為。

我們既不能簡單地認為反傾銷就是金科玉律、暢行無阻的國際規則，也不能武斷地判斷他國一定就對自己有傾銷行為，更不能依賴反傾銷這把雙刃劍來平衡一切國際貿易。

# 第 7 章
# 全球經濟有序運行的總指揮：國家干預

　　經濟是放任發展還是完全靠國家計劃，抑或是總體調控與市場自我調節並舉？對於經濟的發展走向，人們發揮自己的聰明才智，也因此誕生了許多的著名經濟學家和經典的經濟理論。為了克服市場自我調控的不足，掌控國家政權的政府，主動或者被動地使用一些行政手段來調控經濟。國家干預的目的是使得經濟的總量平衡、促進經濟結構優化以及實現經濟的穩定成長。

## 7.1
## 角色轉變──自由放任到政府干預

　　事情要從世界經濟危機和羅斯福新政說起，1929—1933 年的世界經濟危機將長久以來高速穩定發展的資本主義世界顛覆得風雨飄搖，很多西方國家被打倒在地上苟延殘喘，當然美國也不例外。

　　當時西方世界普遍信奉經濟不受政府調控，一切由市場自我調節的原則。但是他們忘了，任何一種學說、思想、思維都是需要與時俱進、不斷完善的。這次危機迫使人們開始反思資本主義經濟發展的模式，他們開始注意其對立面社會主義經濟學說的計劃經濟，特別是其中政府的總體調控。因為當時的蘇聯在社會主義經濟建設上取得了舉

# 耍廢時看的經濟學

經濟學名詞懶人包

世矚目的成就。

羅斯福入主美國白宮後，開始推行新政，新政的實質是在維護資本主義制度的前提下，對資本主義生產關係進行局部調整，加強國家對經濟的干預。透過政府的行政力量，將集中起來的社會財富，向社會底層人員分散，從而使經濟逐漸恢復平衡，促進經濟發展。

鑒於經濟危機首先是從金融開始的，政府開始由財政部出面，大力整頓和監督銀行，保優汰劣，放棄金本位，美元與黃金脫鉤。同時節約政府開支，大興公共設施和救濟失業，建立社會保障制度，進行政治改革，調整三權分立制度等。

經過改革和第二次世界大戰的洗禮，美國又重新崛起，成為世界頭號大國，而它的「老師」蘇聯，因為政治經濟體制日益僵化，又過分發展軍事重工業，終於導致整個國家在 1991 年澈底崩潰。蘇聯演化成今天的俄羅斯以後，葉利欽和普京實行的正是資本主義經濟的經濟政策，是蘇聯當年僵化發展中缺乏的市場經濟和自由經濟。

蘇聯的另外一位聰明學生——中國，鑒於歷史教訓，鑒於蘇美的發展歷程，大膽嘗試發展社會主義市場經濟，在保持政治制度和部分經濟制度不變的情況下，吸收市場經濟的活力成分，使得政治經濟制度更加趨於完善和具有彈性、張力。

一眨眼，1997 年金融危機剛過去沒多久，2008 年世界金融危機又來了，這次，美國損失慘重，「911」事件被人打了政治臉面，2008 年經濟危機又挨了一記經濟重拳。如今，在西方世界，有許多人開始研讀馬克思的《資本論》了，他們開始反思資本主義經濟是否已經到了窮途末路或者還有其他新的出路，因為馬克思對於資本主義經

濟危機的預言性論述已經成為經典。

　　許多人都說中美兩國越來越像，確實有這樣的跡象。2008 年金融危機迫使美國政府不得已出資 3500 億美元救市，許多人驚呼：「美國銀行、企業成為國有的了！」歐巴馬總統正是在危機的硝煙彌漫中，帶著無數美國人的希望上台的。

　　對美國總統歐巴馬而言，2010 年 7 月 23 日是一個歷史性的大日子，因為這天他親手簽署了 1930 年代代大蕭條以來最全面、最嚴屬的一部金融改革法案，使之正式成為法律。

　　這是繼 3 月醫療改革法案獲得國會透過之後，美國總統歐巴馬贏得的又一項載入史冊的重大政治勝利。金融法案的實施，將從根本上改革美國政府的華爾街法規，不但會對美國金融體系產生衝擊，也會對全球金融監管的走向產生重大影響。

　　2011 年 6 月 22 日，歐巴馬宣布美軍從阿富汗撤軍 3.3 萬人，阿富汗戰爭已經成為美國歷史上耗時最長的戰爭，與伊拉克戰爭一起已經耗費美國超過一萬億美元，而美軍在阿富汗的預算在這兩年來，更是從 561 億美元飆升到 1135 億美元。政治的背後，是不堪重負的經濟。

　　歐巴馬的醫改政策和金融法案的實施，正是政府對經濟的干預，經濟運行依靠自身難以完美，政治與經濟猶如兩個孿生兄弟，誰也離不開誰。政治需要經濟作為保障，經濟的發展需要政治的權力推動。政治制約經濟，經濟影響政治，就像風箏和牽線，都要達到一個平衡，才能順風順水。

## 7.2
# 凱因斯主義與新凱因斯主義

　　新凱因斯主義經濟學產生於 1980 年代，其政策主張興盛於 1990 年代。其代表人物多為美國經濟學家，如 Q·凱因斯、A·阿克羅夫、J·耶倫、G·曼奎、B·伯納克等。新凱因斯主義經濟學堅持政府干預經濟的主張，但是，卻吸收了理性預期學派的理性預期觀點和「預期到的總體經濟政策無效」的觀點。

　　有這麼一位英國男爵，他一邊衣衫凌亂地躺在床上伸著懶腰，一邊打電話進行著巨額投資。他富甲一方、聲名顯赫，與愛因斯坦齊名，卻在擦皮鞋的時候非常吝嗇。他曾是劍橋大學的學監，他的經濟學理論影響了整個世界，尤其是羅斯福總統實行新政後的美國。因為羅斯福的新政，就是在切實執行這位男爵的國家干預經濟的理論。他一生最主要的成就是：挽救了 1929—1933 年爆發經濟危機的西方資本主義世界！

　　他就是至今仍被不斷研究和膜拜的英國著名經濟學家約翰·梅納德·凱因斯（1883—1946）。凱因斯的總體經濟學思想，主要是從其著作《就業、利息和貨幣通論》衍生出來，他們的學說被稱為凱因斯主義。他主張國家採用擴張性的經濟政策，透過增加需求來促進經濟成長，即擴大政府開支，實行財政赤字，刺激經濟，維持繁榮。在第二次世界大戰後，特別是在 1950 ～ 60 年代，凱因斯主義在西方經濟學界和大學講壇上佔有統治地位。

　　他們認為，在當代市場經濟中資訊是不對稱的，而且薪水和價格的變動具有黏性，這樣，在短期仍然會出現偏離自然失業率的現象，

出現有效需求不足，因此，需求管理政策仍然是必要的和起作用的。

　　新凱因斯主義並不僅僅是堅持傳統凱因斯主義短期需求管理的主張，他們還特別強調供給學派從供給方面調節經濟的思路，主張從長期及從供給方面著手來考慮經濟政策。新凱因斯主義還強調鞏固性的財政政策，認為財政赤字對經濟是有害的，它會引起投資的減少（基礎效應）和貿易逆差的增加。

　　此外，新凱因斯主義者還研究了一些新的現象和機制，如提出了在貨幣政策起作用的機制方面，不應只考慮利息率，還應該考慮普遍存在的信貸配給機制。新凱因斯主義同傳統凱因斯主義相比，已經發生了一些重大的變化，他們所主張的總體經濟政策更全面，也更深入，既考慮需求方面，又考慮供給方面；既考慮長期，又考慮短期；既注重微調政策在短期的作用，又重視結構性政策在長期的效果。

　　可以說，新凱因斯主義者繼承了傳統凱因斯主義者關於國家應該干預經濟的基本主張，既吸收了新古典經濟學的一些合理的理論和政策主張，又吸取了 1980 年代以來一些總體經濟實踐中的經驗教訓。他們發展了國家干預經濟的理論，使得國家干預經濟的政策體系發展到了一個新的水準。

## 7.3

## 如何確定正確的航標──公共支出與選擇

　　當政府直接參與對經濟管理，肯定會涉及許多社會公共設施以及公益事業。那麼如何在政府管轄的範圍內，讓每一個人能充分發揮能

# 耍廢時看的經濟學
*經濟學名詞懶人包*

量、充分參與，同時又生活得舒適安逸呢？這就屬於政治經濟學的範疇了，即在國家機器的統一協調下，實現全社會的公共意志。

　　政治經濟學是研究生產、購買及出售，法律、社會習俗慣例，以及政府之間關係的一門獨立學科，代表人物是德國的卡爾・馬克思——馬克思主義的創始人。

　　公共選擇學派是政治經濟學的一個分支，自 1950 年代創立於美國的芝加哥和弗吉尼亞學院，經歷 60 年代的成型發展，70 ～ 80 年代的擴展和國際化，現已在經濟學中取得相當的地位。

　　該學派是以經濟學分析方法研究政治決策過程和結構的公共選擇學派，他們在承認個人偏好合理性的前提下，研究社會成員如何形成共同的意志，即公共決策。該學派研究的主題是：我們在什麼規則下，既能一起生活於和平、繁榮與和諧之中，又能保留我們自己的個人自由，因此，該學說又被稱為「新政治經濟學」。

　　公共決策其實離大家並不遙遠，大家熟悉的投票制度就屬於公共決策的範疇，另外還有公共支出等。

　　投票制度在不同的政體，不同的國家，也有不同的表現形式。有直接投票，如美國、俄羅斯、法國等國家，總統由全國的選民直接投票選舉。有代表投票制，如中國的人大代表制度，就是從全國選民中挑選出能夠代表全體民眾投票取向的人的方式。還有一票否決制，如聯合國五大常任理事國的投票，只要有一國否決，就不能透過該項決議。多數投票制，就是少數人服從多數人的投票制度，直接投票制和代表投票制都屬於多數投票制。

　　公共支出，因為涉及政府投資，政府投資不以盈利為目的，因此

還涉及財政赤字、發行國債、政府特權、官僚腐敗等問題。

# 7.4

# 世界貿易的協調者——WTO

　　全球化的今天，世界早已成為一個緊密聯繫的大家庭。世界各國聯合起來做政治決策，有聯合國；世界各國想取得國際社會的金融支持，有世界銀行；世界各國欲在慈善和醫療上協作，有國際紅十字會；欲在農業和糧食貿易上合作，有糧農組織。世界各國欲在經濟上合作，最具影響力的國際組織就是 WTO。

　　WTO 於 1995 年 1 月開始正式運作，其目標是建立一個完整的、更具有活力的和永久性的多邊貿易體制。這是國際上目前最大也最權威的國際經濟組織。其基本職能主要包括以下五個方面：

　　①管理和執行共同構成世貿組織的多邊及諸邊貿易協定，

　　②作為多邊貿易談判的講壇；

　　③尋求解決貿易爭端的方法；

　　④世界貿易組織的總部；

　　⑤監督各成員貿易政策，並與其他制定全球經濟政策有關的國際機構進行合作。

　　曾幾何時，WTO 在中國是個炙手可熱的名詞。

　　2001 年 11 月 10 日，對當時的中國來說，是一個歷史性的大日子，因為從這一天開始，中國正式成為國際貿易最權威組織的一員。中國改革開放 20 多年，其成績終於得到了國際社會的普遍承

## 耍廢時看的經濟學

經濟學名詞懶人包

認，標誌著中國的經濟對外開放上了一個全新的台階，這也是經過長達 15 年的艱苦談判得來的勝利成果。

幾乎在同時，臺灣也多次申請加入該組織，但無一例外地被堅決否決，因為這是一個針對主權國家設立的國際組織，而不是針對某一特定地區。2011 年 12 月，俄羅斯也被世界貿易組織批准為會員國，由此俄羅斯結束了長達 18 年的入世「馬拉松」。

為什麼中國以及俄羅斯等國對加入 WTO 如此重視？ WTO 究竟是一個什麼樣的國際組織呢？

WTO，英文全稱為 World Trade Organization，中文全稱為世界貿易組織，由 1947 年成立關貿總協定而來，是最具有全球性、權威性和開放性的組織，總部設在瑞士的日內瓦，具有法人資格，是獨立於聯合國的永久性獨立國際組織。與國際貨幣基金組織（IMF）、世界銀行（WB）一起被稱為世界經濟發展的三大支柱，對全球貿易具有舉足輕重的影響。

與關貿總協定相比，WTO 涵蓋了貨物貿易、服務貿易以及知識產權貿易，而關貿總協定只適用於商品貨物貿易。世貿組織具有法人地位，它在調解成員爭端方面具有更高的權威性和有效性。

WTO，這個被世界各國奉若神明的國際經濟組織，其成立和運作遵循以下六大原則是：

①互惠原則，就是各成員國之間的貿易必須做到互惠互利、平等交易；

②透明度原則，就是各成員國之間的交易必須做到公開公正，不得存在暗箱操作、幕後交易、行賄受賄等；

③市場準入原則，要求各會員國務必做到最大限度地貿易自由
　化，將市場對外充分開放，不得故意設置貿易壁壘；

④促進公平競爭原則，特別禁止傾銷和補貼的商品出口，要求各
　成員國公平貿易；

⑤經濟發展原則，該原則主要是為了照顧開發中國家的經濟發
　展，在貿易中為這些國家提供一些特殊的優惠條件；

⑥非歧視性原則，這一原則包括兩個方面，一個是最惠國待遇，
　另一個是國民待遇。

　　成員國一般不能在貿易夥伴之間採取歧視政策。給予一個成員的
優惠，也應同樣給予其他成員，這就是最惠國待遇。最惠國待遇的根
本目的是保證本國以外的其他締約方能夠在本國的市場上與其他國的
企業在平等的條件下進行公平競爭。非歧視性原則是世界貿易組織的
基石，是避免貿易歧視和摩擦的重要手段，是實現各國間平等貿易的
重要保證。

## 7.5

# 世界是平的——經濟全球化

　　美國著名歷史學家斯塔夫里·阿洛斯，20世紀中期在其重要著作
《全球通史》中認為，1500年前的世界是地區歷史、國家歷史，1500
年以後的世界才算是真正意義上的全球歷史，這是從地理上對歷史進
行的劃分。

　　2006年，美國經濟學者托馬斯·傅利曼在其扛鼎之作《世界是平

# 耍廢時看的經濟學
經濟學名詞懶人包

的：一部二十一世紀簡史》中發出振聾發聵的聲音：世界已經被經濟全球化碾成了平的，世界早已成為一個緊密聯繫、無法分割的整體，這個整體有衝突、分裂，但在大趨勢的裹挾之下，仍然被統一在一個全球性的大型扁平結構之中。

經濟全球化的具體表現是全球性對外貿易成為經濟發展的常態，跨國公司的經濟組織成為世界經濟的重要力量。經濟的發展不再受地理因素的影響，經濟的發展對其全球的政治、經濟、文化、軍事、外交、制度規則等全面滲透和施加影響。

2008 年夏季的一天，在杭州娃哈哈集團總部大門外不遠處的樹蔭下，有一輛神祕的轎車停靠在那裡，坐在車裡的一對貌似情侶的男女，不時地對開出大門的轎車進行盯梢和拍照。冷不防，他們被杭州警方逮個正著，並從車上查獲大量針對該集團高層的照片和其他檔案資料。至此，法國達能集團與中國民族品牌娃哈哈的糾紛全面公開化、白熱化。

此後，娃哈哈集團鄭重宣布，根據警方調查，此次商業間諜盯梢事件為達能集團所為，旨在對娃哈哈集團內部高層進行跟蹤調查，收集其所謂「黑材料」，企圖將娃哈哈集團從社會影響上澈底搞垮，以實現多年以來收購娃哈哈的野心。

從 2007 年娃哈哈集團董事長宗慶後狀告達能以來，雙方在 2007—2009 這 3 年的時間裡，斗爭幾近白熱化，終於在 2009 年 9 月，達成友好和解，公眾被揪著的一顆心，也總算放下了。

法國達能集團公司是世界有名的跨國公司，世界 500 強企業之一，全球員工 8 萬多人，在世界 100 多個國家設有分公司和辦事處。擁有多個品牌，其乳製品、瓶裝水、甜餅乾的銷量穩居世界第一。他們成立於 1966 年，總部在法國巴黎，從 1990 年代開始

進行跨國投資，1987 年在中國設立廣州達能酸奶公司，1996 年開始與娃哈哈合作，先後收購西湖啤酒、樂百氏、光明乳業、梅林正廣、匯源果汁等中國品牌的大量股份，在中國的發展可謂一日千里、前程似錦。

娃哈哈集團和達能集團之間的糾紛和關聯，也從側面反映了經濟全球化帶來的挑戰。隨著中國加入 WTO 以及中國整體經濟的不斷高速發展，像娃哈哈和達能集團這樣的跨國合作、併購多如春筍。吉利汽車集團順利收購美國沃爾沃，上海中服收購皮爾卡丹商標，中石油收購新加坡石油公司、澳洲天然氣公司，中海油併購泛美能源，香港企業收購國外奢侈品牌等，這些都是 WTO 帶來的好處。

經濟全球化客觀上可以實現資源的優化配置和合理使用，促進國際分工和國際競爭，使得國家、地區以及全球的經濟結構更趨於合理化，促進世界經濟的多極化發展，刺激經濟模式的發展創新，促進國際關係的發展融合，加強國際安全的通力協作，促進國家主權向國際組織的轉移，促進國際政治體系的轉型等，整體而言，經濟全球化促進了整個人類社會向前發展。

# 耍廢時看的經濟學

經濟學名詞懶人包

# 第 8 章
# 看得見的手
# ── 政府決策對經濟的重大影響

　　市場不是萬能的，政府也不是坐視不管，如控制房價過快的成長，建立健全完善的社會保障體系等，都是政府在對經濟施加影響。不管是用經濟手段，還是行政干預的手段，我們都能看到政府在為自己的國民的付出。

## 8.1
## 收入高，多納稅 ── 效率與公平

　　做什麼事情都有投入和產出，當用對資源的使用程度來衡量時，就可以看出一件事是否有效率。公平則是存在合理的差別，因為沒有絕對的平等，沒有人人均等的公平。效率和公平可以展現在多個領域，我們今天要講的是稅收的公平和效率原則。

　　每到年終，很多公司為了表示對員工一年工作的肯定，都會發年終獎。今年年末，突然，某公司的人力資源總監對每位員工說，將不再按每個人今年一年為公司所做貢獻的大小發放年終獎。公司重新制定了一套獎勵模式，為的是讓每一位員工都能拿到同樣多的獎勵。這樣每個人都沒有差別，不是更好嗎？

# 耍廢時看的經濟學
經濟學名詞懶人包

　　如果你是這家公司的員工，你聽到這樣的決定會有怎樣的感受呢？經濟學家給我們的回答是：這家公司以後將沒有人再努力工作。

　　這樣的獎勵模式是沒有效率的。你是否滿意人力資源總監的這套新的薪酬獎勵制度，很大程度上要取決於你平時的工作態度。假如你是一名優秀的員工，每個月的業務量都能排在公司的前一二位，按以前的薪酬評價制度，每到年終你的年終獎就是全公司員工裡最高的，可是新的薪酬制度會讓你的荷包縮水。你再怎麼努力，和其他人得到的獎勵都會是一樣的。

　　假如你平時喜歡輕鬆自在的工作環境，不希望被做不完的工作壓得喘不過氣來，你喜歡享受生活，而不是拚命工作，即使公司每個月要按業績排名，你也不為所動。往年的年終獎，你往往不在乎，因為按業績發放，你會是拿得最少的。可是現在的薪酬制度，會使你和別人拿到的年終獎一樣多。這會鼓勵你繼續享受你的生活，工作中更會「偷得半日浮生閒」。因為你知道，即使偷偷懶，你也會得到和別人一樣的待遇。

　　這樣的薪酬設計，結果是以後沒有人再努力工作。這個很簡單的故事，卻讓我們看出一組矛盾：效率和公平。

　　公平和效率的目標截然不同，但是它們卻密切相關。只注重公平，就沒有競爭，不會產生效率；一味追求效率，忽視公平，則會引起巨大的差異。

　　假如你和你的朋友在閒談中，聊到彼此的收入，得知自己的收入要比朋友低 1000 元，而且兩個人的收入都已經達到繳納個人所得稅的

金額。再一比較你們所繳納的稅收，你算了算，朋友繳納的稅額絕對是高於你的，而且他所繳納的稅收占其收入的比例要大於你。那麼這種稅收公平嗎？

稅收公平是指在相同的經濟條件下，納稅人應有同等的納稅責任，也就是待遇要同等。稅收公平可分為橫向公平和縱向公平。縱向公平是指對不同收入和經濟條件的人予以不同的稅收待遇，即高收入的人多繳稅，低收入的人少繳稅。橫向公平是指經濟條件相同的人應繳納相同的稅收。

稅務徵收人員在徵稅的過程中會有部門支出，這會產生成本，包括稅務機關工作人員的薪水、薪水；稅務機關辦公用具和設施支出；稅務機關在徵稅過程中實施或採取各種方法、措施支付的費用等。另外，徵稅可能對市場經濟的運行產生影響，同時對私人消費和生產有一定的影響。稅收的效率原則是指要盡量降低徵稅給納稅人帶來的額外負擔，並使稅收活動盡量減少對經濟運行的干擾，提高經濟效益；在徵稅過程中，使徵納雙方花費的費用盡量地小，從而增加稅收的實際收入。

## 8.2

# 政府也要好好算算──財政

工作中需要提前計劃，統籌安排。生活中有很多人有這樣的好習慣。對將要處理的事情做計劃。小到個人，大到國家都應該有這樣的習慣，不只做事要有計劃，花錢更要有計劃。

## 耍廢時看的經濟學

經濟學名詞懶人包

　　小何是一名導遊，每次在出團前都要認真地做好出遊計劃書。不久，她又要帶隊去杭州。出行前，小何做了一份內容詳盡的計劃，包括選擇杭州的原因、出遊目的、交通方式、住宿行程安排、費用合計和注意事項等。因為有計劃，這次杭州之行非常順利，旅遊歸來，遊客們的評價也非常高。

　　小何的這種計劃其實就是一種簡單的預算。對於國家來說，政府也有預算，那就是國家對財政收支的一種計劃。我們國家的政府預算都是經過法律程式編制和執行的，是對國家未來一年內收支安排的預測、計劃。國家的預算由收入和支出兩部分組成。因為有預算，可以透過這種手段彌補市場的缺陷，也可以反映政府的政策目標。

　　年初進行預算，年終就要進行決算。財政決算是一個年度的報告，既能對上年度的預算執行情況進行反映和總結，又可以對下一年度的預算提供資訊基礎，是政府管理財政的重要依據。

　　王浩這個月拿到薪水之後，十分高興，之前的愁容完全消失。因為本月薪水加獎金一共拿到三萬元，不僅可以償還上個月信用卡裡提前消費的一萬元，自己還剩兩萬元。他盤算著指頭，心裡美滋滋的。可是不到十天的工夫，王浩就傻了眼，剩下的兩萬元又被花光了。這可怎麼辦好呢？卡裡又沒有存款，除了吃飯，自己還打算要買一部手機。硬著頭皮，王浩向同科室的小張開了口：「最近手頭實在有些緊，先借我一萬元吧。」小張二話沒說，就從包裡掏出一沓鈔票，說有兩萬元先讓王浩拿去用。王浩一邊感謝，一邊納悶，為什麼自己每月都是入不敷出，而小張卻總有結餘？

　　王浩這個月光族在發了薪水後沒有對自己每月的開銷進行好好規劃，花完之後也不想想自己的理財消費方式是否正確，結果造成了「赤

字」。因為財政支出大於財政收入，在會計處理時用紅字表示，所以把資金的支出大於收入叫作「赤字」。反過來，如果收入大於支出，產生結餘，稱作「盈餘」。理論上，財政收支平衡是最理想的狀態，但是有時為了刺激經濟，國家還有許多問題需要用財富去解決，就會出現赤字。合理的赤字出現，不一定是一件壞事。

財政結餘是國家的財政收入大於支出而產生的餘額，略有結餘，可以應付突發事件的產生，同時，可以用經濟繁榮時期的結餘彌補財政赤字。我們國家堅持的是「收支平衡、略有結餘」的政策。

財政補貼主要是國家為了實現特定的社會和經濟目標向企業和個人提供的一種補償。國家透過補貼，對一些因為政策原因等而產生虧損的國有企業進行彌補，減少虧損，對一些農副產品低於成本價格的部分也進行補貼，保證了農民的利益。補貼有多種形式，包括對企業的虧損進行虧損補貼、對農副產品進行價格補貼，還有對居民和職工的生活補貼等。

# 8.3

## 淝水之戰的經濟學寓意——乘數效應

乘數效應是一種經濟效應，是指經濟活動中某一變項的增減變化所引起的經濟總量變化的反應程度，它包括正反兩個方面。例如，當政府擴大投資、降低稅收時，對國民收入有成倍擴大的影響；當政府減少投資，增加稅收時，國民收入也會隨之加倍緊縮。

一位董事長歷來辦事嚴謹，對員工要求非常嚴，對自己的要

# 耍廢時看的經濟學
經濟學名詞懶人包

求也很高。上班從來沒有遲到過。有一天，因為早起後時間還早，在家看新聞，以致忘記了時間。為了不遲到，他超速行駛，結果被開了罰單。

這位董事長心裡很不舒服。到了辦公室，他把經理叫進去狠狠地訓斥了一番。經理出了門，十分委屈，遂叫來自己的祕書，對祕書又發了一通火。祕書一大早無緣無故地被經理批評了一番，自然覺得憋屈，就故意找櫃檯接待員的麻煩。接待員在公司沒有可以發火的對象，下班回到家後，把兒子訓斥了一頓。

董事長因為怕遲到，超速駕車，因為被罰，心生怨懟，批評經理，把壞情緒傳給祕書、接待員、接待員的兒子。我們可以看到一個人的負面情緒，被一再地「傳遞」，使這種負面的結果成倍地擴大。

如果一家企業投入 40 萬元購買設備，那麼是不是 GDP 也同樣增加 40 萬元呢？一家公司需要更換辦公室人員的電腦，於是投入了 40 萬元去市場購買。公司購買電腦花掉 40 萬元，這 40 萬元屬於投資。他們去電子市場購買回了所需的設備。假定電腦銷售廠商把得到的 40 萬元中的 32 萬元用來擴建電腦存放的場地，還有 4 萬元用來更新自己廠裡的辦公設備，剩下的 4 萬元存進了銀行。

電腦廠商擴建場地支付給建築商 32 萬元，建築商又拿出了 25.6 萬元購置員工新一季的工作服，服裝店在拿到 25.6 萬元的銷售款時，把其中的 20.48 萬元用來購買布匹……這樣的事情不斷發生，直到某家企業可支配的資金趨於 0。我們看看，第一家公司在最初花費的 40 萬元投資，引起其他企業的收入和不斷支出，所有這些企業收入的增加一定大於最初的 40 萬元。

　　乘數原理是說明某一變項引起另一些相關變項發生倍數變化的理論。淝水之戰，發生於西元 383 年，是中國古代軍事上以少勝多的著名戰例。東晉時期，北方的前秦向南方的東晉王朝多次發動欲統一全國的戰爭，在這場決定性的淝水之戰中，前秦軍隊 80 萬對戰僅有 8 萬兵力的東晉軍隊，結果，佔有絕對優勢的前秦敗給了東晉，國家也因此而滅亡。而東晉則趁此機會北伐擴張領土，並且此後數十年樂享太平，無外族侵略。

　　前秦軍隊的失敗源於小小的後撤事件，本來戰場上前進後退的戰術調度是很正常的事情，但前秦軍隊在答應了敵方的後撤以展開決戰的要求以後，被東晉趁亂高呼「秦軍敗了」。因為許多前秦的軍人都是被迫參戰的，本來就不想打仗，聽到這個消息立刻轉身就跑。一人思退帶動十人後退，十人後退帶動百千人後退，百千人後退帶動數萬人後退，結果東晉軍隊乘機追殺，前秦軍隊一潰千里，軍隊人數的優勢詭異地轉化成了致命的劣勢。

　　正所謂千里之堤，潰於蟻穴，一顆鐵釘的連鎖事件令國王輸掉一場戰爭，乘數原理正是這樣一個能起到防微杜漸、見微知著的經濟效應，猶如股市中的杠桿式股票，如果是 10 倍的盈率，投入 1 元，可以賺得 10 元，如果賠率也是 10 倍的話，那麼投入 1 元，就要虧損 10 元。

# 8.4

# 無規矩難以成方圓——貨幣制度

　　無規矩難以成方圓。萬事萬物都有規矩，貨幣也有自己的規矩。

# 耍廢時看的經濟學
經濟學名詞懶人包

我們今天拿到手中的貨幣都是紙質的，新臺幣的價值單位是「元」，那麼在和國外的交易商進行結算時，支付的國際貨幣是什麼？這些都是一國貨幣制度中所包含的內容。貨幣制度是隨著商品經濟的發展而逐步產生和發展的，到近代才形成了比較規範的制度。

在第二次世界大戰期間，戰俘集中營裡流通著一種特殊的商品貨幣：香菸。當時的紅十字會向戰俘提供了人道主義物品香菸、衣物等，但是數量非常有限，無法照顧到每一個戰俘的特有偏好，只能把這些物資進行平均分配。因為有的人喜歡香菸，有的人喜歡巧克力，有的人更想得到一包糖果。平均分配物資顯然缺乏效率。

戰俘們希望能透過交換實現自己的特定偏好。但是即使是戰俘營這樣狹小的範圍，實現交換也非常不方便。因為只有雙方都恰好想要對方的東西，交換才能實現。所以，為了實現交換，必須尋找一種能夠充當媒介的東西。我們現在實現交換，是透過「貨幣」這樣的媒介，但是在當時的戰俘營，這並不現實。因此，他們選擇了「香菸」來作為媒介，交換自己需要的物品。他們把香菸當作一種貨幣，用香菸來計價，比如一包糖果值 10 根香菸，一塊巧克力值 8 根香菸。有了這種交易媒介後，戰俘之間的交換就簡單多了。

「香菸」在第二次世界大戰期間成為一種特殊的「貨幣」，是因為它有自身的特點──標準、不易變質。貨幣制度中對貨幣的材料進行了規定，不同的貨幣材料就形成了不同的貨幣制度。除此之外，貨幣制度還對貨幣的種類、貨幣的單位、貨幣鑄造發行的流通程式等都進行了規定。

假設有一個小島，這裡的居民每天都用鈔票去買自己需要的物品。島上的銀行負責印刷鈔票。銀行的行長說了，我們這裡的居民所需要

的鈔票總量有 1 萬元就行了。因此，這個島上每個人的鈔票加起來剛好是 1 萬元。

有一天，甲在海邊玩耍，撿到一塊寶石，對甲來說，寶石不能吃不能穿，沒有多大的使用價值。於是，他決定把這塊寶石賣掉。正好，乙想要拿寶石做一件工藝品，於是甲以 4000 元的價格將寶石賣給了乙。丙是乙的朋友，有一次去拜訪乙，乙看見了這塊璀璨奪目的寶石，非常想要，乙正好需要周轉資金，就以 1 萬元的價格把它賣給了丙。可是丙一次拿不出那麼多錢，他就去向島上的銀行貸款。這個小島上的居民總共持有的貨幣是 1 萬元，銀行因為沒有辦法向丙貸款，於是決定再印 1 萬元。丙拿著貸來的 1 萬元買走了乙的寶石。丙拿走寶石，希望能在寶石漲價的時候出售，大賺一筆。可是，根本沒人想買這塊寶石，人們總是嫌貴。丙也不想低價出售寶石，於是，寶石一直在丙手中。

因為寶石的交易，銀行多印了 1 萬元的貨幣。人們不再關心寶石的交易，繼續每天的生活，去集市上購買自己需要的生活用品。最初，人們用 1 萬元的貨幣進行交易，由於銀行多印了 1 萬元，但是生活物品的總量沒有發生改變。原來賣 1 元錢的東西現在都漲到了 2 元，所有的東西都在漲價。

像島上的居民，當貨幣的供給大於貨幣的需求時，就會產生貨幣貶值，物價上漲。有時，政府並不僅僅是為了滿足人們的購買意願增加貨幣發行，更可能的原因是政府為了挽救經濟危機或者彌補財政赤字而濫發紙幣。通貨膨脹使物價不斷上漲，貨幣實際的購買力不斷下降。在國民黨統治時期，國民政府濫發紙幣，致使物價比同期上漲了

85000 多億倍，100 元的貨幣，在 1937 年可以買到 2 頭牛，但是到了 1948 年只能買到 3 粒稻米。人們上街買東西，甚至得用麻袋裝上一袋子的紙幣，才能購買到需要的物品。

與通貨膨脹相對應的就是通貨緊縮。1929—1933 年美國發生金融危機，大蕭條時期，整個美國的貨幣供應量減少了 1/3。

當市場上的貨幣減少，購買力下降，隨之會產生物價下跌，造成通貨緊縮。如果政府降低貨幣供應量，削減各項開支或者人們的消費和投資減少，需求不足都會產生通貨緊縮。

## 8.5

# 一石激起千層浪——政府行為

現在的年輕人到了結婚的年齡，大都享受著比父輩們優越的「結婚福利」，大多數父母都為孩子的婚事卯足了勁。年輕人一結婚，就「有車有房」過上了無憂無慮的二人生活。這樣的社會現象已經越來越普遍，因為房價不斷上漲，很多人在結婚時，要求有屬於自己的房子。為了買房子，很多家庭四處借錢，或者向銀行貸款，為了房子奔波勞累。房子對於我們大多數人來說，應該是最大的資產。房產被人們當作一種資產，交易起來比較方便，因此，很多人有閒置的資金都會用來投資買房。

人們總認為投資房產是比較可靠的。房屋的價格取決於多種因素，土地的價格因素直接導致了房價的扶搖直上。房地產開發商要想開發修建房地產，必須取得土地，這意味著要付出高額的資金，這自然構

成了房屋價格的一部分。另一方面，市場房屋的供應量也影響著房屋的價格，供應量突然增加，就會使價格下降。

　　直到第一次世界大戰結束，在英國，擁有屬於自己的房屋的人只占 1/10，多數人都是租借房屋，在那時，沒有一所屬於自己的房子是很正常的。可是，到了第二次世界大戰以後，政府開始推行新的政策，豐厚的稅收優惠，紛紛鼓勵人們置業。再加上免費的醫療、教育福利，在英國掀起了購置房屋的高潮。以上事實都說明，政府行為對人們的行為產生了引導，從而影響了物業。

## 8.6

# 從搖籃到墳墓——福利國家

　　什麼是福利？機關單位為職工提供的免費午餐、享受一個帶薪休假外出旅行的機會、專門的停車場等，都是福利。這些福利不用我們自己購買，我們只要用心享受，不需要付出成本，是免費為我們提供的。

　　國家會向它的國民提供福利，如免費醫療、免費教育等。1930 年代美國引入了福利國家這樣一個概念，是指由政府提供較高水準的社會服務項目，包括社會保險、養老計劃、衛生保健、教育、文化、住房建築等，旨在提高社會的文明程度和人們的教育程度。福利國家的特點是運用政治權力管理和支配社會事務，在一些領域分配資源，矯正市場經濟自身的不足，為特定的人群提供特定的服務。福利國家是一種國家形態。

福利國家的做法，是一種緩解社會矛盾的積極行為。經濟發展中

# 耍廢時看的經濟學
經濟學名詞懶人包

出現的貧富不均和兩極分化，是社會矛盾產生的根源，這種現象隨時會引發社會衝突。在人類發展的早期，一些慈善機構或是教會，透過互助濟貧的方法解決此類問題。第二次世界大戰以後，英國的「貝佛里奇計劃」提出建立社會保障和社會福利的主張。

很多西方國家在第二次世界大戰以後紛紛建立了「福利國家」，其中比較典型的國家是瑞典。瑞典的福利國家制度被比喻為「從搖籃到墳墓的福利」。瑞典的福利政策從 1960 年開始，除了對全體老年人實行基本養老保險，還對退休老人實施補充退休金，雙重保障，更加保證了老年人的晚年生活；在醫療保險方面，擴大了全民醫療保險制度；失業救濟制度的廣泛推行，解除了人們的後顧之憂；還有針對未成年子女家庭、貧困家庭的補助等。

只有在國家經濟實力達到一定的水準之後，才有可能建立廣泛的社會保障項目。而社會保障支出是政府的一筆大的支出，福利國家實施的高福利，也為國家的財政帶來沉重的負擔。以瑞典為例，1980 年代的福利支出在 GDP 中的比例已經達到 2/3 以上。人口高齡化和人均壽命的延長，將會使政府背上更加沉重的包袱。龐大的福利支出使政府不得不加大稅收的徵繳。高福利帶來的是高稅收，沉重的稅負影響了社會的生產力，更助長了高福利國家的「福利病」。

# 第 9 章
# 公共物品與外部性是如何衡量幸福的

　　市場上可以買到食物、買到好看的衣服、買到舒適的服務，可是你願意花錢買空氣嗎？你是否留意過，公園的花壇裡，總是寫著溫馨小提示：「請勿踩踏，愛惜花草。」如果你的房屋購買時有一個庭院，你種上花草，別人只能站在外面欣賞，那麼你會向公園裡的做法一樣，寫上告示嗎？因為有競爭，還有排除他人使用的特性，注定有些物品私人無法提供。

## 9.1
## 衡量幸福的經濟學標尺——效用

　　你是否有這樣的心理，東西越多自然越好？你如何衡量「幸福」？你覺得擁有什麼才是幸福呢？《資本實證論》一書仲介紹了這樣一個故事：

　　　　一位農民在原始森林裡獨自生活，因為條件有限，他必須合理安排他所收獲到的糧食。他收獲了 5 袋穀物，這些穀物要用到來年的秋天。第一袋是維持生計必需的，第二袋是用來增強體力的，第三袋可以用來餵養家禽，以便有肉可以吃，第四袋用來釀酒，第五袋可以餵養森林裡的小鳥，時而聽著鳥兒的歌唱是一件非常有趣的事。

## 耍廢時看的經濟學

經濟學名詞懶人包

　　我們可以看出這 5 袋穀物對農民的重要性。顯然，第一袋穀物是維持生命的必需品，對農民來說非常重要，而第五袋穀物只是為了餵鳥解悶，不是那麼重要。經濟學上，用「效用」這個詞，來衡量福利的大小。

　　「效用」在經濟學裡是指消費者透過享受閒暇或透過消費來使自己的需求、欲望等得到滿足的一個度。曾經，效用也被用作衡量一個人的福利水準，認為效用是對一個人快樂的測度。效用是一種心理感受，一般難以準確測量。

　　美國經濟學家薩繆森有一個關於幸福的方程式：

　　幸福＝效用／欲望

　　從這個方程式中，我們看到欲望和幸福成反比。在經濟學中，分析消費者的行為時，要考慮到效用對他的行為的影響。

　　美國總統羅斯福在連任 3 屆後，記者問他的感受，總統拿出了一塊三明治遞給記者。記者不明白他的意思，但是又不好問，就吃了這塊三明治。接著，總統又拿出第二塊給記者，記者還是吃了。完了，總統拿出第三塊三明治，記者實在難以吃下去，就婉言謝絕了。這時候，羅斯福笑笑說：「現在你應該能明白我連任 3 屆總統的感想了。」3 個三明治很明顯地展現了效用的遞減性。

　　一個人對財富的擁有越多越好，但是隨著財富的增加，所帶來的滿足程度會不斷下降，這就是「邊際效用遞減規律」。邊際效用是指某種物品的消費量增加一單位所增加的滿足程度。舉個簡單的例子：人們在非常飢餓的時候，吃一個饅頭覺得這個饅頭非常好吃，接著再吃第二個、第三個、第四個時，已經吃飽了，到最後的時候可能一口

112

也不想吃了。有人天天吃山珍海味，卻並不覺得有多好吃，就是這個道理。企業為了成功出售自己的產品，就要考慮商品帶給消費者的效用，效用越大，消費者願意為此付出的價格越高。

# 9.2
# 我能阻止別人和我共享藍天白雲嗎

　　廣闊無垠的宇宙和自然向我們提供了許多美好的事物：陽光、空氣、山川、河流。我們盡情享受自然的饋贈，不需要為此花錢。但對多數物品來說，需要透過購買才能得到。這些不用花錢的東西，除了大自然之外，還有一部分由政府提供，如公園、道路、國防、城市建築等。

　　每個個體在呼吸空氣時能不能阻止別人擁有空氣呢？答案是否定的。空氣所擁有的特點之一是「非排他性」，也就是說空氣並不具有阻止他人使用的特性。是不是一個人呼吸空氣，將會減少別人對空氣的使用呢？答案也是否定的。因為空氣不是有限的，一個人的使用並不能減少他人對空氣的擁有。這是空氣的另外一個特點「非競爭性」。

　　排他性是指一種物品具有的阻止他人使用的特性。競爭性是指一個人使用某種物品將會減少別人對該物品的使用。我們用「排他性」和「競爭性」將物品分成以下幾類。

　　私人物品。一家全球知名服飾店推出了限量版的女裝，全球只發行 100 套。因為是頂尖設計師親自設計，加上又是純手工製作，價格雖然讓人咋舌，但還是有不少人不惜花重金購買。這種限量版的女

裝就具有排他性,你要是擁有了一件,就可以阻止別人對此件衣服的擁有。同樣,這種女裝也具有競爭性,因為全球只有 100 套,如果一個人購買了一件衣服,其他人購買同款衣服的機率就減少了。大多數的物品都屬於私人物品,無論貴賤,一旦花錢得到了,未經允許,別人就無法得到和使用。我們能夠看出,私人物品是具有排他性和競爭性的。

公共物品。任何一個國家都會在每年的財政預算中拿出很大一部分經費作為下一年度的國防支出。國防安全,是一個國家政權穩定和人民安康的重要保證。穩定的社會治安,和平友好的外交關係都和每一個國民息息相關。但是我們不會自己去花錢購買國防,國防不是私人物品。因為國防安全不能只限於一部分人,每一個人享受國防安全帶來的穩定時並不能減少他人對這種結果的感知。如同政府組織的節日慶典,這些物品既無競爭性又無排他性。

海上航行的船只需要燈塔的指引,但是在 17 世紀以前,英國幾乎沒有燈塔,只有教堂、房屋或者樹叢作為航標。這種情況在 1820 年得到改變,那時的英國建造了 46 座燈塔。這一時期的燈塔建造者是為了投機,主要是個人利益的驅使,因為國王允許這些個人向來往的船只收取使用費。因此,只要有船只經過燈塔,都會按照船只的大小來繳納費用,但是這種收費很困難。後來,領港公會申請了經營燈塔的專利權,然後向個人出租,並收取租金,不過這依然難以經營。到了1836 年,英國頒布法令把所有的燈塔都授予領港公會管理,並不再收費。從此,英國再也沒有私人所有的燈塔了。

建造燈塔看起來根本無利可圖,因為即使船主們利用燈塔的光線,

保全了自己和貨物的安全，但是要想向他們收費，他們就可以「避開」燈塔，甚至藉口自己沒有借助於燈塔。一般認為，燈塔屬於公共物品，不用購買也能消費。因為燈塔沒有市場價格，所以沒有私人願意提供，但是如果少了這樣的服務，船員的安全將是難以想像的。

公有資源。「藍藍的天上白雲飄，白雲下面馬兒跑。」這句歌詞描述的是牧區美好的生活。一望無際的草原是一種資源。牧民們在放牧的過程中，不能阻止其他牧民在此放牧。但是，從草場牧草有限的角度來看，一個牧民放牧，將會減少其他人對此牧場的使用。同樣的海洋捕撈，並不能阻止某個人的捕撈，但是一個人的捕獵行為必將減少其他人捕魚的數量。公有資源就是這樣一些物品，不具有排他性，但有競爭性。

# 9.3

# 牧民和草地——公有地悲劇

亞里斯多德曾經說過：「許多人共有的東西總是被關心得最少，因為所有人對自己的東西的關心都大於對共同的東西的關心。」

不知細心的你是否留意過，在一些公共場合，水龍頭的設置都是感應式的。去學校的計算機中心上網，電腦總是有很多病毒。你想過這是為什麼嗎？

我們以牧場為例，牧場是一種公有資源，而且一個牧區，通常以方圓幾公裡來劃分各自的範圍。牧民們以牧區的中心散居，祖祖輩輩靠在各自的領地上放牧為生。這一片牧場歸牧區的所有牧民

# 耍廢時看的經濟學
經濟學名詞懶人包

所有，沒有哪個家庭獨自擁有一塊牧草。只要是牧區的居民，就可以任意放牧。他們養羊牧牛，發展毛紡織業。牧民也算安居樂業。漸漸地，人口在增加，羊群和牛群也在增加，可是牧區的範圍並沒有擴大，牧場的植被開始遭到破壞，牧草的數量也越來越少。由於牧草數量的減少，羊群和牛群的數量慢慢減少，一些牧民的毛紡織業也停止了生產。

1986 年加利福尼亞大學的生物學家哈丁教授在一份雜誌上發表了一篇論文《公有地悲劇》，他指出，在公有的草地上放羊，因為羊群數量增加可以給放牧人帶來利益，但是因為草地資源是有限的，當羊的數量超過了草地所能承受的羊只數量時，草地就會失去牧羊的功能。這種現象的產生，是因為個人的行為會帶來利益，而忽視了全體放牧人對公有資源的不合理使用。因為是公共資源，所以沒有一個牧民願意減少自己的牧群數量。如果劃定的牧區是私人的資源，那麼羊群的數量肯定會控制在合理的範圍內，以免過度放牧對草地造成破壞。當人們在使用公有資源時，並不會因為公有資源的競爭性而理性地對其適度使用。因為，人們總是對自己的東西的關心大於公有的東西。

在保護瀕臨滅絕的物種時，人們想盡了各種辦法。在辛巴威，村民們透過向觀看大象的遊客收取費用來獲取收入，以此保護大象。但是，後來，這裡的人們想出了一個新的辦法來保護大象。他們把大象分給村民，並且允許他們利用自己擁有的大象收費。

這樣的政策施行後，人們的行為發生了很大的改變。人們比以前更加關心大象，因為他們能夠從大象身上得到好處，大象越多越好，他們就可以向遊客收取更多的費用。於是，他們積極配合警察阻止那

些捕獵者。就這樣，從 1970 年代，辛巴威的大象數量一直上升。

在日本人們則沒有將公有地私有化，但是也很好地保護了土地或者山林，並沒有發生公有地悲劇。原來，日本的公有地不僅阻止村民以外的人使用，還制定了共同管理和使用的規則，防止了亂砍濫伐的現象發生，保護了公有地。

## 9.4
## 我能影響到他人嗎──正負外部性

一個人的行為會對旁觀者產生的某種影響，叫外部性。外部性分為正的外部性和負的外部性。對旁觀者有利的影響被稱為正外部性，相反，不利的影響稱為負外部性。

汽車尾氣排放、吸菸等產生了有害健康的氣體。旁觀者沒有得到有益的結果，因此這些行為具有負外部性。相反，一項技術的成功研發並投入使用，使人們的生活和工作狀況得到改變，這就是正的外部性。

郊區一家造紙廠每天把大量的廢水排進廠外的水渠裡，而這條水渠正是村民灌溉作物的一個主要水源。村民們為此和廠長進行協商。廠長認為自己已向環保部門繳納了環境汙染治理費，自然有理由向渠裡排水。可是村民們覺得造紙廠的這種行為對農作物的生長造成了影響，給自己帶來了損失，對他們的身體健康也造成了危害。

造紙廠在向水渠裡排廢水時並沒有考慮到自己的行為所產生的後果。對於糾紛，一些組織也進行了調解。造紙廠最後表示願意

# 耍廢時看的經濟學

經濟學名詞懶人包

降低排汙數量，並積極安裝汙水處理設備，以此減少對村民的不良影響。

如果沒有政府部門的介入，造紙廠和村民之間的紛爭該如何解決？私人各方可以透過協商解決外部性，這是一條定理。

我們來想想造紙廠和村民之間的排汙問題。造紙廠排出的汙水，給村民們的生活造成負的外部性，有兩種解決的方案：讓造紙廠停止向村裡的河流排汙；讓村民對造紙廠的行為進行忍讓。根據科斯定理，這種狀況需要比較利益與成本。也就是造紙廠排汙所能產生的對生產有利的收益與村民們容忍繼續排汙的成本。如果利益大於成本，那麼村民們就得繼續忍受；如果成本超過收益，那麼造紙廠就得停止排汙。

造紙廠和村民之間關於排汙問題產生的負外部性問題，各有各的立場，他們可以透過進行交涉來解決問題，達到讓雙方滿意的結果，但是私人市場在解決外部性的時候並不是十分有效的。因為談判的雙方可能會因為各自的利益使談判破裂。另一方面，在交易的過程中也產生成本，為了協商可能會聘請更專業的人員，以及起草合約等，這些也會帶來成本。在私人無法解決外部性時，政府作為獨立於二者的機構，可以充分解決外部性。

這個村子所在的環保隊，聽說了造紙廠和村民之間的紛爭，決定出面解決此事。首先，他們委派專家對造紙廠排進河流的汙水進行了檢驗。發現造紙廠所排放的汙水中並不含有有毒化學物質，有毒物質已經經過排汙處理由另一條管道排出。現在排向水渠的是一部分處理之後的廢水，其對農作物的生長影響並不大。因此，環保隊沒有明令禁止造紙廠排汙，只是根據檢驗結果，對造紙廠的排汙數量做出了規

定，並建議造紙廠採取減少排汙的新技術，減少汙水排放量。

　　同時，對於造紙廠的汙水排放量超標，環保部門的工作人員決定按標準對其徵收費用。對負的外部性進行徵稅或是收費，來補貼具有正外部性的行為，這樣的稅收被稱為矯正稅。環保監察部門，可以對排汙超標的廠家進行罰款或採取徵稅的政策，對一些積極開發和採取新技術的廠商採取免稅或獎勵的政策。

　　在中國，一年一度的元宵佳節，很多地方政府都組織集中在空曠的場地燃放煙火。每到此時，就有很多人聚集在一起，觀賞煙火表演。由於煙火表演不具有排他性，任何人都可以觀看，因此人們得到了觀賞煙火的機會還不用為此付費。得到一種物品的福利，並沒有為此付費，這是一種搭便車的行為。燃放煙火所產生的搭便車，是因為外部性的存在。比如，在自己的院子裡燃放煙火，鄰居也同樣能欣賞。

　　根據「排他性」和「競爭性」，在這裡對煙火表演進行分類，將其歸為公共物品。我們可以看出，公共物品因為沒有排他性，私人市場就無法提供公共物品。因為存在搭便車的行為，個人無法產生提供公共物品的激勵，那麼讓政府提供美妙的煙火表演吧。

# 9.5
# 產權——地主擁有土地

　　產權是一種所有關係的法律表現，最基本的是對所有權、使用權和收益權的規定。有了這些規定，就能更好地約束和調節經濟行為。

　　我們知道，如果有價值的東西沒有規定它的所有者，就會為使用

# 耍廢時看的經濟學

經濟學名詞懶人包

和所有權的管理帶來麻煩。當財物沒有建立起產權時，就無法做到有效地配置資源。因為沒有權利的歸屬，就沒有人因為收益而向他人付費，也沒有人因為利益受損向別人收費。

　　甲卷煙公司向國家菸草主管機關提出申請生產卷煙，在獲得批准後，向工商行政管理部門申請名為「宏云」的註冊商標。獲得註冊商標後，甲卷煙廠開始生產「宏云」牌香菸，在市場上也擁有了一部分固定的客戶，產品品質受到消費者的好評。

　　後來，甲卷煙廠在市場上發現一種名為「紅云」的卷煙，品質和甲卷煙廠的「宏云」香菸相差甚遠。有些顧客不知道這兩種卷煙實屬兩家卷煙廠生產，在購買「紅云」卷煙後，向甲卷煙廠投訴，認為其產品存在品質問題，要求賠償，造成甲卷煙廠銷量減少。甲卷煙廠委託律師為其解決糾紛，並向法院提起訴訟。

　　「紅云」卷煙廠知道此事後，向甲卷煙廠提出進行協商。甲卷煙廠出示了自己的註冊商標證後，堅持要求「紅云」卷煙廠對自己的損失進行賠償，「紅云」卷煙廠同意之後，兩家卷煙公司對「宏云」商標有共同的使用權。

　　因為甲卷煙廠對其「宏云」商標的註冊，其擁有此商標的使用權和所有權，也就是擁有對「宏云」的產權。因為規定了產權，當與「紅云」發生糾紛時，就能有效地解決問題，減少損失。

對香菸品牌名稱的糾紛，就是明確產權的過程。歐洲人第一次到達美洲大陸時，美洲大陸上野牛的數量超過了 6000 萬頭。到了 19 世紀，人們大肆捕殺，野牛的數量急遽下降至僅 400 頭左右。對野牛的捕殺，都是因為獵殺者認為有利可圖。但並不是所有有利可圖的動物都遭到威脅。黃牛也是一種很有價值的動物，對黃牛肉的需求也很大，但是沒有一個人會擔心黃牛將要滅絕。事實上，對黃牛肉的需求還保

證了黃牛的持續繁衍。

　　這是為什麼呢？原因很簡單，因為野牛沒有主人，也就是沒有產權，而黃牛屬於私人所有。對於野牛，只要能獵取到它就可以獲得利益，不需要平時餵養，也可以從它身上得到好處。但是，黃牛屬於私人所有，它的主人想盡辦法保護自己的黃牛，希望黃牛的數量越多越好，因為只有這樣，擁有黃牛的主人才能夠受益。

## 耍廢時看的經濟學

經濟學名詞懶人包

# 第 2 篇　有趣的經濟關係：三方主體

　　經濟關係是一種複雜有趣的關係，它涉及生成的所有制、人們在生產中的相互關係、產品分配等很多內容。這是一個以市場為舞台、消費者為舞者的一幕龐大的舞台劇。你每天的柴米油鹽醬醋茶、你的薪酬分配，以及你薪水制度的制定等都要受到經濟關係的制約。詳細了解一下經濟關係吧，它會讓你獲益良多。

# 耍廢時看的經濟學
經濟學名詞懶人包

# 第 10 章
# 供給和需求

　　都說需求決定供給，這是一句老話。市場經濟中的供給方——生產者願意為我們提供多少冰淇淋？作為消費者，20 元一個蘋果，你會購買嗎？對你來說稻米白麵重要呢，還是鑽石豪宅更重要？即使食鹽漲價，我們還是不會減少對它的購買，但是一旦橄欖油漲價了，相信你就會選擇用葵花子油來代替了。這些日常的問題和現象都屬於供給和需求的範疇。

## 10.1
## 香蕉漲價了，我就少買點吧——需求曲線

　　經濟學家認為，需求是指在一定時期內，在每一種價格水準下，消費者願意並且能夠購買的商品或勞務的數量。

　　需求的界定有大有小，個別需求就是指單個的消費者在特定時期，在對某種商品在任何一種價格下願意購買的商品數量。除此之外，還有市場需求，也就是單個個體需求的總和。

　　某家電銷售商，想要掌握電視機的銷售情況，於是統計了一個商場每日銷售電視機的數量。

　　市場調查員根據這一組數據，繪製了一條曲線圖，把每一個價格

所對應的彩電需求量表示了出來。

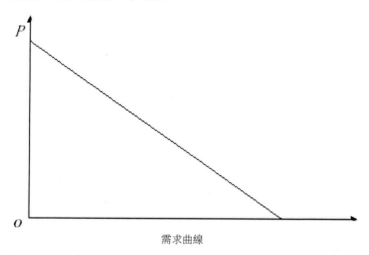

需求曲線

　　這樣一條向右下方傾斜的曲線就是「需求曲線」，它表示商品的價格和需求數量之間成反比。在這條曲線上，每一個價格都有一個對應的所需求的商品數量。需求曲線呈現了價格和需求數量之間的關係。需求曲線一般縱軸為價格，橫軸為需求。它反映了需求量隨價格變動的情況。由於價格與數量成反比，因此，需求曲線是一條向右下方傾斜的曲線。也就是，需求曲線的斜率為負，這種需求量和價格之間向下傾斜的關係，也被稱為「向下傾斜需求法則」。

　　透過上圖，我們要說明的是經濟學中一個著名的法則「需求法則」。「需求法則」說明的是這樣一種情況：當其他因素不變時，消費者對一種物品的需求和價格之間存在「反向」關係。也就是說，當價格降低時，沒有其他可變因素，那麼消費者的需求量會增加。同樣，如果價格升高，其他因素維持不變，那麼需求量將降低。

　　一種普遍而正常的現象是，如果一種產品的價格提高了，消費者會轉而消費其他替代品。比如說，星巴克的咖啡漲價了，人們可能會選擇喝茶，或者選擇果汁或其他清涼飲料。因為較高的價格阻止了人們的消費行為，人們都會趨利避害。當商品漲價了，在不是萬分需要的情況下可能會改變消費者的消費行為，使他們轉而消費其他商品。而且，面對上漲的產品價格，人們會選擇購買更少數量的產品。

　　假如某位愛美的女士，每年需要 3 萬元來添置新衣。但是由於衣服從原料到加工的費用都增加了，衣服的價格也比往年高出 5000 元，那麼她就需要再多 5000 元來保持和以前相同的生活水準。我們想一想，她是不是比以前變窮了呢？

　　如果這位女士的收入沒有變，那麼在衣服成本增加的情況下，她所能買到的衣服就減少了，例如原來的收入每年可以買 20 件新衣，現在則只能買 15 件新衣了。

## 10.2

## 還是買比香蕉更便宜的橘子吧——需求曲線的變動

　　透過「需求曲線」圖，可以看出任何一種價格下都有對應的需求數量。當價格上漲，需求量就減少，價格下降，需求量就增加。在圖形上則表現為一個點沿著固定的曲線移動，這就是「需求量的變動」，是價格變化引起消費量的變動。

　　再來說一說另外一個概念「需求的變動」，除了價格決定需求，還有其他因素影響著人們對商品的需求數量。這些因素會使需求曲線

# 耍廢時看的經濟學

經濟學名詞懶人包

發生移動，但是這種移動有一個前提，那就是「價格不變」，在既定的價格水準下，任何使需求量增加的因素都會使需求曲線向右移動，使需求量減少的變動都會使需求曲線向左移動。

都有哪些因素會使需求曲線在既定的價格下，發生變動呢？

收入是影響需求曲線變動的一個因素。如今，人們的生活水準提高了，不再侷限於吃飽穿暖。從吃的方面來講，不僅要吃飽，更要注意營養搭配，既要有粗糧主食，又要有水果牛奶。對於水果的消費，大多數的人們都喜歡應季的時令水果。

每年二至六月份是香蕉的成熟和採摘期，各地的香蕉價格普遍比別的月份要低。而到了十月左右，香蕉價格就已經達到比較高的水準，但是這時正是橘子上市的時候。同樣是水果，他們都能提供相似的價值。當十月份香蕉價格上漲，橘子價格較低時，很多人會選擇多購買橘子，少購買香蕉。橘子相對於香蕉來說就是一種「替代品」，替代品是一些可以相互替代使用的物品，互為替代品的兩種商品，一種物品價格上漲會使對另一種物品的需求增加。在另一種情況下，可能會因為一種物品的下降使消費者對另外一種物品的需求增加，比如膠卷和相機、果醬和麵包。因為麵包很多情況下是和果醬一起吃的，麵包的價格下降了，果醬的需求也就增加了。這樣的兩種物品叫作「互補品」。

除了個人收入變化、一些相關物品價格的變動之外，有時個人嗜好也會影響需求曲線移動。例如有的人可能喜歡古典的中式建築，有的人卻更喜歡現代的西式房屋，有的人偏愛豪華豐盛的晚宴，有的人只需要一碗米飯即可充飢。

　　當消息靈通的人們知道來年冬天煤炭要大幅漲價，那麼他們可能會多買些煤炭。人們預期電子產品的價格會不斷跳水，就有可能延緩當前對電子產品的需求。這些因素都會使需求曲線發生變動。

# 10.3

# 並不是人人都需要奢侈品——需求彈性

　　透過觀察需求曲線可以看出，需求曲線越平坦，表示價格的變動對需求量的影響越小；需求曲線越陡峭，表示價格對需求量的影響越明顯。價格和需求之間的相反關係只告訴我們，價格下跌，需求增加，價格上漲，需求減少。但是有沒有一種辦法能衡量增加或減少的程度呢？有些人對價格的波動表現得很敏感，只要價格略微有變動，就會改變維持已久的消費行為。「需求的價格彈性」就是用來衡量需求量對價格變動的反應程度的。如果有一種物品的需求量對價格變動的反應很大，那麼這種物品的需求就是富有彈性的；相反，如果需求量對價格波動的反應較小，那麼這種物品的需求就是缺乏彈性的。需求的價格彈性反映了價格變動 1% 時，需求量對此發生的變動，即

　　需求價格彈性（E）＝需求量變動百分比 / 價格變動百分比

　　我們對價格彈性的描述用需求完全無彈性（數值為 0）、需求完全有彈性（∞）、需求單位彈性（1）、需求缺乏彈性（0）

# 耍廢時看的經濟學
經濟學名詞懶人包

# 第 11 章
# 消費者、生產者和市場

你是喜歡消費，還是喜歡儲蓄？你是超前消費的新新人類，還是根據自己的收入確定消費水準？水果店的老闆用大聲公向來往的顧客宣傳自己的西瓜又水又甜，你是相信還是不信？你是否發現你會固定地去一家店裡消費某種商品？有時，習慣就是一種堅持。本章我們將涉及消費和生產的參與者與市場的諸般關係。

## 11.1
## 蘿蔔青菜，各有所愛——偏好和消費心理

經濟學中因為要講到消費者的行為，所以必須要考慮到個人消費行為的選擇因素。偏好就是消費者按照自己的喜好對可供選擇的產品組合進行排列。有些人會有固定的消費習慣，因為經常消費某種商品或者固定採用某種消費行為，因此會有因為習慣而產生的消費行為。還有的人為了在消費中節約時間成本，把是否方便作為選擇勞務及物品的一大標準。還有些消費者，把產品的品牌作為選擇消費的標準。

消費偏好是指消費者對產品的消費有先後順序，其對於購買的某些商品或者勞務的喜愛超過其他產品或勞務。消費者的消費偏好，影響著其對物品和勞務的支付意願。這是一種對商品和勞務的主觀評價。

# 耍廢時看的經濟學

*經濟學名詞懶人包*

　　每個人都有自己偏愛的東西。偏好是一種隱藏在人們內心的情感選擇。消費者在選擇商品時，也同樣取決於他對商品和服務的喜好。

　　我們對商品實物有需求偏好，除此之外還有一種特殊的偏好——流動性偏好，是指相對於以持有股票或債券的形式，人們更願意以貨幣或存款的形式保持財富。人們對流動性較強的現金偏好是因為，現金方便交易，便於日常支付，或者是出於謹慎。在流動性偏好中，利息是一個決定性因素。因為利息的高低，取決於貨幣的供給和需求，流動性偏好是人們對持有貨幣的一種偏好，是對貨幣的需求。

　　市場上流通的貨幣，代表了貨幣的供給。中央銀行透過決策，向市場上投放的貨幣數量影響了利率，同樣作為貨幣需求方的人們，流動性偏好也可以影響到利率。當利息率降低到一定水準時，人們就不再儲蓄，而選擇持有現金了。

　　在 1970 年代，柯達公司生產的底片開始降價，擠垮了世界上其他同行業的企業，大大刺激了消費者對柯達彩色底片的消費，幾乎占據了 90% 以上的彩色底片市場。

　　但是到了 1980 年代，柯達底片面臨著巨大的挑戰和威脅，富士底片占據了幾乎日本的底片市場。在進行了市場調查以後，柯達公司發現，日本人在購買商品時支配他們消費的心理感覺在於他們對產品品質的高度重視，對價格低廉的產品並沒有太大的動心。

　　於是，柯達公司重新制定了競爭策略，轉而透過高價政策維護產品高品質的信譽，以此來與富士底片競爭。後來，柯達公司以高於富士底片一半的價格銷售柯達底片，經過一段時間的努力，柯達底片終於重新占領了日本市場，並且與富士底片有著同樣的競爭實力，銷售

量也大大增加。

在對底片的選擇上，分析消費者的偏好是看重品質還是價格，才能根據市場需要做出調整。我們都聽說過中國老太太存錢買房和美國老太太分期購房的故事。實際上，這也算是一種消費心理。中國的傳統文化要求「不能寅吃卯糧」的思想使中國人在以前只會儲蓄、不懂消費，而美國人崇尚自我，追求超前消費，分期付款。這都是消費者個人偏好和消費心理共同作用下的消費行為。

## 11.2

# 每個人都在消費——衡量消費的指標

每個人在生活中都必不可少地有消費行為，透過消費，可以獲得生活所需要的產品。隨著物質生活水準的不斷提高，市場上的產品種類越來越多，品質也越來越好，消費者有了更多的選擇。日常的消費行為包括個人和家庭的衣、食、住、行等方面的物品或服務，每個人的喜好不同，興趣也不一樣，因此消費的種類是千差萬別的。

美國社會心理學家馬斯洛，在《人類動機理論》一書中提出，人類的需求按層次劃分為五種：生理上的需求、安全上的需求、情緒和歸屬的需求、尊重的需求、自我實現的需求。實現這些需求，和一定的物質條件是分不開的。

按人們的需求層次，生理上的需求包括對呼吸、水、食物等的需要。市場上可以向人們提供這些物品，如服裝店、食品店。對於高層次的需要，市場也能提供諸如發展體力和智力的用品以及為了滿足自

# 耍廢時看的經濟學

經濟學名詞懶人包


我實現需求的高級珍藏藝術品等。

市場上向我們提供的能夠滿足人們物質和文化生活需要的這些社會產品叫做「消費品」。消費品涵蓋的範圍很廣，包括人們經常購買不需要花時間比較的商品、具有收藏價值的商品等。其中，一種特殊的消費品就是奢侈品。奢侈品被人們定義為：具有稀奇、獨特的特點，超出人們生存與發展需要範圍的消費品。

對奢侈品的消費，不僅僅是一種消費行為，還是一種生活方式。人們希望透過某種高檔的商品或高層次的服務展現自己的成功，反映出獨到的審美標準。而且社會進步與技術發展，提供了更多更好更新的材料和工藝。對奢侈品的消費，是一種比較高層次的消費行為，是一種個人身分和財富的象徵。

奢侈品不是生活必需品，因此它有「非必需」這個特點。並非人人都能擁有這樣的產品。因此，我們在瞭解市場、生產者、消費者的行為時，主要是以一般消費品作為對象來考察，並不包含奢侈品。

我們說每個人都要消費，很大程度上決定消費行為的內在因素是偏好，但是我們不能忽略影響消費的外在因素，這個外在因素就是消費環境。

洪澇災害頻發、水土流失嚴重的地區，消費水準自然低；土壤環境惡化，蔬菜瓜果受到汙染，直接危害消費者的健康；社會治安好，人們安居樂業，消費活動就比較頻繁；商家在節假日推出的讓利優惠活動也能夠促進消費。可見自然環境和社會環境共同影響著消費行為。

除了消費環境這個影響人們消費行為的因素，消費水準和消費結構也是考察消費的重要指標。人們實際購買的消費品的數量和勞務量

表示為消費水準，當然，這個指標也可以用價值量來衡量。對於衣食住行消費比例的安排，就是消費結構。比如，家裡有正在讀大學的孩子的家庭，在孩子的教育支出一項上所花費的費用就要高於其他家庭；家裡有身體虛弱的病人時，用在醫療支出方面的花費也會高於其他家庭。消費結構展現了所有的消費項目在消費總支出中分別所占的比例。

# 11.3

# 這是一種特殊的剩餘──消費者剩餘和生產者剩餘

偏好決定著人們在消費物品和勞務時的支付意願。當一個人對某種商品有固定的消費傾向或者對物品的評價高於其他商品，那麼他對此種商品願意支付的價格就會高於其他商品。

小李很喜歡數位產品，尤其是對手機的偏好很明顯。出門旅行，小李總是不忘去當地的電子市場轉轉，每次碰到新上市的自己鍾愛的機型，小李就走不動路了。有一次，他去深圳旅行，到了華強電子世界，小李決定進去看看，走進去，發現了某公司最新款的智慧型手機，款式、顏色、性能都是自己渴望已久的，就決定問問價格。剛開始問的幾家，標價都在 22000 元，小李雖然很喜歡，但覺得價格沒有在自己預期的範圍內，於是決定再看看。

第二天再逛的時候，他更加留意此款手機。他去了另外一家電子市場，在一個手機賣場前，正展示著這款手機。小李進了店鋪，與銷售人員交談起來。小李拿著心愛的手機看了看上面的標價：18000。小李暗自高興，因為自己對此款手機的心理價格是 20000 元，沒想到

# 耍廢時看的經濟學

經濟學名詞懶人包

這個手機賣場的賣價要比自己預期的價格還低。毫不猶豫地,小李讓銷售員開了票,就拿著手機高興地走了。

小李買到自己如願的商品自然十分高興,但是我們想想,同樣的商品為什麼標價是 22000 元的手機讓他離開,而標價是 18000 元的同款手機卻讓他不假思索地買走了呢?他購買手機後的滿意度能否用什麼指標衡量呢?「消費者剩餘」就能很好地衡量小李購買 18000 元的手機後得到的利益。他衡量的是買者願意為一種物品支付的價格減去其實際支付的量。

那麼,我們來計算一下,小李的消費者剩餘是多少。對於此款手機,小李內心願意支付的價格是 20000 元,而最後在手機賣場,小李實際只支付了 18000 元,那麼他的消費者剩餘就是 20000-18000=2000 元。用圖示表示的話,消費者剩餘應該是需求曲線下方、價格線上方和 Y 軸所圍成的三角形的面積。

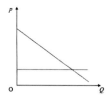

透過圖示可以看出,如果價格上升,則消費者剩餘下降;反之,價格下降,消費者剩餘上升。

小李參與了市場交易,得到了利益,那麼市場主體的另一方能否得到利益呢?

買者的利益是他願意支付的價格減去實際為此支付的價格的差額。那麼,生產者剩餘也應是同樣的道理。每個生產者都希望能夠以

高於自己產品成本的價格出售商品或勞務，拒絕以低於自己成本的價格出售商品。生產者從銷售商品中得到的利益，則是其在出售一種物品時得到的收入減去生產的成本。

　　我們繼續看小李購買手機的例子。小李購買的這款智慧手機，市場上其他商家也有同系列的，配置和性能相差也不大。在衡量生產者剩餘時，主要看各商家的生產成本。假設，生產同類型的手機，甲廠的成本是 5000 元，乙廠的成本是 5500 元，丙廠的成本是 5800 元，最後都按 18000 元出售手機，那麼每售出一部手機，他們將分別獲得 13000 元、12500 元、12200 元的生產者剩餘。

　　用供給曲線來衡量生產者的剩餘，表示為價格之下和供給曲線之上，圍繞 Y 軸所形成的三角形的面積。價格上升，生產者剩餘增加，價格下降，生產者剩餘減少。

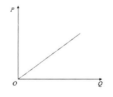

# 11.4

# 隔行如隔山——資訊不對稱

　　講到失業時，大家都會詢問失業產生的原因。除了經濟不景氣、經濟結構的調整，還有一個很大的原因是，勞動力的供方和需方無法

# 耍廢時看的經濟學
經濟學名詞懶人包


溝通，也就是某些職位欠缺勞動力，但求職者不知道這個資訊，無法達到勞動力市場供需匹配。在生活中，總有一些人比別人擁有更多的資訊。資訊會直接影響人們的決策，產生不一樣的交易。總有人對正在發生的事情比別人知道得多。這種在獲取資訊和知識方面存在的差別叫做資訊不對稱。

中國古代有句話：「金玉其外，敗絮其中。」這句話也可以指商人賣的貨物表裡不一。顧客在購買商品時，很難對內在的內容做出檢驗。尤其是現在很多物品注重外表包裝，消費者很難看到商品的品質。但是賣者比買者更清楚產品的基本情況，他們將假冒偽劣商品提高了價格，以次充好，顧客還以為物好價才高。

這樣的例子有很多，比如，僱員們總是比自己的僱主更清楚自己的努力程度。廠商比消費者更清楚自己產品的品質。資訊不對稱是因為在交易中，每個人擁有的資料不同。

資訊不對稱造成了交易雙方利益不對等，違反了市場交易的原則，沒有達到市場配置資源的高效率。例如，買者對多購買的商品的資訊總是不如賣者，因此，占有資訊優勢的賣者可以在交易中獲得優勢。隔行如隔山，說的就是資訊不對稱。

保險公司在銷售自己的保險時，並不能充分瞭解買了保險的車主是否謹慎小心駕駛。用任何方法也難以瞭解客戶是否謹慎，這樣來說，車主的行為對保險公司就是一種資訊不對稱。購買了汽車保險的司機可能會想：即使有交通事故，也有保險呢。因為保險公司無法監督司機的駕駛心理，司機們在這種想法的驅使下，反而容易因為麻痺引起比以前還多的交通事故。

和汽車保險同樣的問題還存在於醫療保險。如果有「反正有醫療保險，再也不用擔心醫療費用支出」這樣的想法，就會造成小病大醫，或者養成不好的生活習慣，忽視自己的健康。

很多在校的大學生都會選擇在週末或是節假日進行打工，既可以賺取一部分生活費，又能體驗生活。他們在選擇兼職打工時，很多人找到的是發放調查問卷這類工作。僱主無法直接到街頭去監督學生們的工作。學生們可能會有這樣的想法：沒有人監督，我就可以偷懶了。僱主和僱員之間在這種無法監督的情況下實施的活動，可能會給僱主帶來損失，在經濟學上叫做「道德風險」。

## 11.5
# 協調經濟運行的「兩隻手」——市場和政府

在很多大中型城市的繁華商業地段或者機場，都有一個很熟悉的品牌——星巴克。1971 年 4 月，美國西雅圖的星巴克創始營業。星巴克不僅僅是一杯咖啡，還代表著一個品牌。1998 年星巴克進入臺灣，到目前同麥當勞的全球擴張一樣，星巴克占據著咖啡市場，已經成為國內咖啡行業的第一品牌。星巴克成功的例子就是充分發揮了市場的作用，在其指引下一步步適應跨國經營。

星巴克的跨國經營是一個成功的典型。星巴克沒有選擇使用鋪天蓋地的廣告宣傳，因為市場導向告訴他們，公眾對大眾媒體公信力的缺乏，既浪費了資源，又得不到效益。在店面設計上，星巴克注重每個城市的味道，儘量發揮出每個城市和商圈的特色，強調與當地的景

# 耍廢時看的經濟學
*經濟學名詞懶人包*

觀協調輝映。在市區的繁華地帶和休閒場所，店內設計則突出時尚休閒，在辦公室居多的高新區域，則設計得簡約明朗。

星巴克之所以如此成功，是因為這一切都是在市場這隻「無形的手」的牽引下完成的。

在計劃經濟時代，實行的是一種指令型經濟。處於最高地位的領導者決定著經濟中資源的分配。國家在生產、分配方面都由政府計劃。領導者決定生產什麼、生產多少、如何分配。這樣的低效率帶來了對新技術的抵制、不能滿足社會成員多樣性的需求、消滅了競爭。

市場，通常是組織經濟活動的一種好方法。在任何一個市場上，賣者決定提供產品的數量時，他們會把價格作為嚮導；買者在決定自己購買商品時也把價格作為標準。市場價格既反映了某種物品的社會價值，也展現了該物品的成本。價格指引著單個的買者和賣者，多數情況下實現了社會福利。

市場經濟在資源配置方面有著自身的優勢，但是並不是萬能的，出現了市場失靈則需要政府予以干預，才能保證經濟社會的正常運行。

房價高、看病貴一直是百姓生活中的兩大問題。針對城市低收入家庭住房困難，政府運用行政手段發表了一系列政策意見，除了住房外，在公共交通、環境保護方面，因為其特有的公共性，無法由市場提供，必須依靠政府強有力的干預，才能解決許多關乎民生的問題。

政府干預經濟，最大的特點是能夠達到效率和公平。前面講到，市場失靈的一種表現就是公有資源的過度使用。「公有地悲劇」是市場失靈的表現，因為草場資源有限，但人口不斷增加，牛羊數量也不斷增加，資源並非某一個人所有，人們缺乏保護草場資源的動機，因

此過度放牧開墾，導致資源過度使用甚至枯竭。沒有哪種市場力量可以解決，只有看不見的手，透過設計良好的公共政策才能實現資源合理開發，促進效率。

從公平分配市場經濟結果方面來看，市場經濟總是根據人們生產物品的能力和貢獻給予個人報酬。因為資源占有不同，個體之間收入差距較大。市場無法縮小差別，但是許多公共政策，如稅收制度和社會保障政策，卻可以實現比較公平的目標。

但是政府也不是萬能的，也不能確保完美地實現某一目標。只是透過政府，可以改善市場結果，因為政策畢竟是由領導制定，有可能存在資訊不對稱，有可能某些政策只是為了滿足某一集團的利益。

# 11.6

# 經濟也鬧點小脾氣——市場失靈

市場無法總是有效率地分配資源。當出現市場失靈時，所導致的資源配置不合理會表現為財富分配不均、負效應以及失業、公共資源過度使用等方面。

20 世紀初，一輛列車在英格蘭大地上飛馳。車上有一位著名的經濟學家庇谷。他看見窗外的麥田，不禁可惜地對同伴說：「列車從田間經過，噴出的火花飛濺到麥穗上，影響了農民的收成，但是鐵路公司並不向農民賠償，這是市場經濟的失靈之處。」

1971 年，美國的經濟學家喬治遊日本，在高速列車上看到窗外的禾苗地，想起庇谷當年的感慨，就問列車員，農民的稻田是否因為飛

# 耍廢時看的經濟學

*經濟學名詞懶人包*

奔的列車受到損失。列車員說，正是因為高速行駛的列車，才嚇走了吃稻穀的飛鳥，農民反而受益。鐵路公司不能因此向農民收取「趕鳥費」，這也被稱為市場失靈。

1989 年 3 月 24 日，在阿拉斯加州威廉王子灣，因為美國艾克森公司的巨輪觸礁，導致 800 多萬加侖原油泄出。

這裡是美國和加拿大的交界處。事故發生以後，大批魚類死亡，礁石上也沾滿了油汙，嚴重破壞了生態環境，附近海域的水產業也受到損失。

事故發生後，環境保護組織以及加拿大和美國的政府官員敦促艾克森公司儘快採取措施解決問題。然而，艾克森公司對此毫無歉意，既不調查事故發生的原因，也不採取措施清理油汙，致使汙染區域擴大，後果進一步惡化。因為沒有採取積極的態度解決問題，艾克森公司油輪最終泄出的原油已經達到 1000 多萬加侖，成為美國歷史上最大的一起原油泄漏事故。

聯合國環境署下屬的國際自然保護聯盟日前的一項報告表明，各國領導人雖然都承諾在 2010 年以前減緩物種消失的速度，但就目前的情況來看，物種的消亡速度仍然和以前一樣。自 1970 年以來，全球野生動物數量已經減少了 3%，各種紅樹科植物和海草減少了 19%。2002 年以來，若干物種已經消失殆盡，最後兩頭夏威夷野牛消失、最後一隻波利尼西亞樹蝸牛死掉、世界僅存的一棵聖海倫橄欖樹在 2003 年枯死。瀕危物種的數量增加、物種的消失都和人類的活動密切相關，獵殺、破壞、疾病傳播、氣候變化等無不導致惡果的產生。

無論是石油泄露還是物種消失都是市場失靈的具體表現。導致市

場失靈的原因有多方面：壟斷的存在、資訊不對稱所產生的無效率、道德風險、公共物品的特殊性導致的搭便車行為以及外部性產生的資源不合理的使用等。

　　空氣汙染就是一個例子，很多並沒有汙染空氣的經濟主體支付了額外的成本。再如造紙廠的廢水廢氣的排放，造紙廠可以採用排汙技術減少排汙量，使周圍的居民從中受益，自己卻不見得能得到多少好處。

# 耍廢時看的經濟學
經濟學名詞懶人包

# 第 12 章
# 你應該知道的經濟核算常識
# ：成本、利潤

　　生產蛋糕需要購買麵粉，需要烘焙機，需要僱用員工，還需要一間屋子。這些都構成了麵包的價格。其實不單開店有成本問題，生活中也有。比如大廚們個個都是烹飪能手，自己卻不為家人烹製美食，料理家務，還要專門聘請一個烹飪水準絕對不如自己的人來為家人做飯，這是為什麼呢？其實也是為了節約成本。

## 12.1
## 利潤是不竭的動力──企業和目標

　　企業，是從事生產、流通、服務等經濟活動，為滿足社會需要而生產產品或服務的一種營利性的經濟組織。在工廠手工業時期，16～17 世紀，一些西方國家由封建社會走向資本主義社會。資本主義原始積累的加劇，使家庭手工業瓦解，開始走向資本主義工廠制。這是企業的雛形。到了 18 世紀，西方各國展開了工業大革命，大機器生產為工廠制的建立奠定了基礎。1771 年，第一家棉紗廠建立。隨之工廠制在其他國家紛紛建立。這些工廠實行大規模的集中勞動，普遍採用機器進行生產，深化勞動分工。工廠制的建立標誌著企業的誕生。隨著

# 耍廢時看的經濟學

*經濟學名詞懶人包*

自由資本主義向壟斷資本主義的過渡，工廠不斷採用新技術，競爭也加劇，產生了壟斷型企業，建立了科學的管理制度，現代企業逐漸形成。我們熟知的有個人獨資企業、合夥企業、公司制企業以及內外資企業等。

獨資企業是由個人出資經營，歸個人所有和控制、由個人承擔經營風險和收益的企業，它是一種最古老、最簡單的企業組織形式，如零售業、農林漁業等。

合資企業一般指中外合資，即由中國和外國投資者共同出資、共同經營、共負盈虧的企業形式；也包括兩個或兩個以上的人共同經營分擔責任的企業。公司制企業，又叫股份制企業，是由兩個以上的投資人出資組建，自主經營，自負盈虧的法人結構。

在一定時期內企業透過經營，想要達到預期的成果，需要一個目的來制約或指導企業的行為。這個目的就是企業的經營目標。企業的目標既有經濟性的也有非經濟性的，它們之間有一定的聯繫，共同構成了企業的目標體系。

惠普的經營目標很特別。惠普的創始人之一比爾・休利特說過，惠普既沒有把利潤最大化當作經營目標，但也不是不考慮利潤。他們的經營目標注重培養和發展忠誠的客戶，力圖將行業地位保持在第一、第二位，並形成規模，注重團隊的領導力提升，重視社會責任。

廠家生產或出售商品，最根本最直接的目的是賺取利潤，總收益大於總成本的差額就是利潤。實現利潤最大化是任何一種市場結構都

想達成的目標。

## 12.2

# 投入和產出——成本和生產力

　　生物在生產過程中有能量轉換的速度，速度越快，生物的循環也越快。同樣，土地也有生產能力，土地生產能力強，種植的莊稼得到的收穫量就大。

　　勞動經濟學裡，生產力表示的是一個工人一小時所能生產的物品和勞務的數量，一般用勞動生產力衡量工人勞動的效率。一般，生產力多用來表示產出與投入的比率。同樣數量的投入得到了更多的產出，則表示生產力成長，反之，亦然。

　　生產力的高低有很多影響因素，如勞動者的熟練程度、科學技術的發展程度、生產過程中的組織和管理方式以及自然條件等。

　　1950 年代，現代管理學之父彼得·杜拉克強調了對員工個人價值的尊重，說明了員工對尊重和信任的渴望以及注重人力資本對企業的重要作用。杜拉克認為對員工的重視和尊重，可以充分發揮員工的才能，提高企業的勞動生產力。科學管理之父「泰勒」也強調了人力資本的重要性，根據工作性質設置不同的部門，由此提高了工作效率。

　　莉莉一直想開一家蛋糕店，因為她做的甜點不僅好看，而且人們都很喜歡吃。開這樣一家店，可能是因為莉莉對甜點的熱愛，而莉莉開蛋糕店的更合理的原因，則是為了賺錢。為了成功開店，莉莉需要購買生產糕點所需要的一切原料：糖、麵粉、巧克力、乳酪等。更大

# 耍廢時看的經濟學
## 經濟學名詞懶人包

的投入還有購買生產蛋糕的機器設備以及場地。當所有條件具備了，莉莉的這家蛋糕店才能營業。

莉莉計算了一下開店所需要的花費，大概是 100 萬元。當莉莉用 100 萬元購買了原料、設備，僱傭了工人，這些都是生產成本，這些成本要求莉莉付出一定的貨幣才能得到，它們被稱為「顯性成本」。另外，我們考慮了一下，假如莉莉不開蛋糕店，因為她精通室內設計，作為設計師，莉莉工作一小時可以賺取 600 元，但是因為開了蛋糕店，莉莉放棄了每小時 600 元的收入，那麼這種放棄也是莉莉開店成本中的一部分。

前面也談到了「機會成本」的概念，莉莉為了開蛋糕店所放棄的設計師的工作和收入，就是機會成本。這樣的成本不需要支付貨幣，因此被稱作「隱性成本」。只要莉莉在做選擇時，得到的大於失去的，即如果開了這家蛋糕店，莉莉滿足了自己的心願還能從中得到比設計師的工作多的收入，那麼她的選擇就是理性的。小到個人，大到企業，在決策時，不僅要考慮實際的支出費用，還要從機會成本的角度想一想，這樣才能做出正確的決定。

顯性成本和隱性成本構成了莉莉蛋糕店的總成本。

對於顯性成本和隱性成本的區別，經濟師和會計師對二者的反應大不相同。發生經濟行為的依據是成本，包括了要用貨幣支付的以及不需要用貨幣支付的。所以經濟學家衡量企業決策時，考慮了兩種成本。但是會計師只記錄流入和流出企業的貨幣，忽略了不需要支付貨幣的投入成本。

# 12.3

# 變還是不變──固定成本和可變成本

　　莉莉開了蛋糕店，投入的成本裡有購買的原料和廠房以及其中的機器設備。即使蛋糕店不生產，廠房和機器設備也要發生折舊；即使不生產，莉莉也要僱傭員工支付薪資。無論生產多少，是否生產，這些成本都是固定的。因此，像這一類的不隨產量的變動而變動的成本稱為「固定成本」。

　　固定成本的穩定性也只有在一定時期和一定的業務量範圍內才存在。超出了這個範圍，固定成本就會發生變動。充分合理地減少固定成本，可以有效地增加收益，提高利潤。比如，糖類、番茄的生長季節性很強，一般只有兩三個月時間。但是透過研發培育早熟或晚熟的番茄品種，就可以使生產期延長，這樣就增加了產量，因為這樣生產糖或番茄醬的設備折舊就會減少，從而可以節約成本。

　　與固定成本相對的是隨著產量的變動而變動的成本，被稱為「可變成本」。莉莉生產糕點，投入的糖、奶油、巧克力等就是可變成本。生產的蛋糕越多，需要的這些東西也就越多，同時，莉莉還需要僱傭更多的員工以便生產更多的糕點。

　　通常，在生產商品或者提供服務時，所投入的成本大體上可分為「固定成本」和「可變成本」兩種。以之前那家家電生產商為例來說，無論是否生產彩色電視，都需要為生產設備付出一定的成本，比如廠房、設備的折舊。我們把這些不因產量變動而變動的成本叫做「固定成本」。除此之外，彩色電視生產越多，耗費的原材料、能源等也越多，

這些根據彩色電視生產數量而變動的成本叫做「可變成本」。

有一家旅行社在旅遊淡季時，向顧客們打出讓人咋舌的廣告：從南京到蘇州拙政園一日遊 50 元。人們都表示質疑：50 元？連門票都不夠，旅行社是不會把好處讓給遊客的。

實際上，很多旅行社在淡季時都選擇這樣的營銷策略，因為雖然淡季遊客不足，但卻不能因為遊客數量少而停止經營。因為旅行社客車的折舊費、導遊和其他工作人員的薪資不會因為遊客的數量減少而減少，更何況即使是 50 元的價錢旅行社也不會虧錢。一個旅行大客車可以承載 50 名遊客，每個人 50 元，那麼旅行社收到了 2500 元，除去加油費和高速公路費 600 元，團體門票共 50 元，可變成本是 1100 元，旅行社收到了 2500 元，只要這些收入能夠彌補可變成本，旅行社就是有利潤的。

許多行業也都有這樣的情況。即使是生意冷清的小餐館，也不會選擇關門，因為即使價格降低，只要能彌補可變成本就可以選擇繼續營業。

## 12.4

## 每一單位產品的成本與總產品量有關嗎？—— 邊際量

經濟學家用了一個很專業的術語，來表示某一經濟變量對其他影響因素的微小增量調整。因為經濟事務是在很多影響因素下發生變動的，因此，理性人在做決策時善於考慮邊際量。

簡單來說，邊際量就是每增加一單位的投入所增加的產量。

　　莉莉開的那家蛋糕店，需要 4 個人和麵才能供應一天麵包生產的需要。當有 1 個人和麵時，效率是非常低的，增加一個人，他所和麵的數量就是他的邊際產量，不斷增加和麵的人數到第 4 人時，所和麵的產量最大，能夠保證蛋糕店一天的需求。但當再增加一個人時，可能因為操作間空間不夠或是多餘員工偷懶，造成邊際量減少。隨著人數的增加，每個人帶來的邊際量就在減少。總的說來，邊際量的增加往往是遞減的。

　　航空公司對票價的決定上應該考慮邊際量。假設一架有 200 個座位的飛機，完成一次飛行花費的成本是 2000000 萬元。那麼，每個座位的平均成本是 10000 元，由此得出，航空公司的票價不應低於 10000 元。但是，不是每架飛機起飛時都能坐滿，假設一架飛機起飛時仍有空位，而此時有乘客願意支付 5000 元購買一張票，航空公司考慮了邊際增量對利潤的影響。雖然每一位乘客的飛行的平均成本是 10000 元，但多增加一位乘客的成本幾乎是很小的。只要乘客願意支付的價錢大於邊際成本，航空公司就是有利可圖的。所以，5000 元的票價當然應該出售。

　　電子商務的發展，改變了人們的消費行為。我們經常會看見快遞公司的工作人員開著車，車內裝滿了大包小包的貨物。人們越來越熱衷於網上購物，在網上購物的價格總能比實體店裡相同物品的價格更低。喜歡買書的人都很熟悉「博客來」、「樂天」。在這裡可以買到打折的新書，還有可以採用貨到付款的支付方式。很多讀者都有這樣的經歷，有些新書一上架就可以打五六折。為什麼新書還賣得這麼便宜呢？網上書店或者網上服飾店，比實體店裡少了一項成本——貨架

成本。我們可以想想，哪間大型書店不是樓上樓下好幾層，每一個貨架價格都不低。但是網路銷售，省去了貨架這個既占地方又花錢的東西。網路書店，可以儲存無限的書本，而且顧客可以透過網絡搜尋到很多年以前的書籍，這個網路書店，空間如此的大，迎合了消費者的心意。因為沒有貨架，網上每增加一本圖書的銷售，他的貨架成本幾乎為零。這就是我們說的理性人要考慮邊際量。每增加一本圖書所產生的零貨架成本，意味著邊際成本為零。尤其是舊書，不管是博客來還是樂天，只要有人訂貨，他就可以把某本書的出版商的庫房當成自己的庫房，然後根據顧客的需要去提貨。沒有貨架成本，沒有存貨成本，因此即使如此低的價格，也能盈利。

## 12.5

# 功不可沒的社會資源──生產要素

社會生產經營活動需要各種社會資源，這些資源就是生產要素。現代西方經濟學家認為，勞動力、土地、資本、企業家才能是主要的 4 種生產要素。隨著科技和社會的發展，技術、資訊也被作為生產要素投入生產。生產要素一般包括人和物的要素，而勞動者和生產資料是最基本的生產要素。有些要素本身就是價值，如資本。

人力資源是一項重要的生產要素，尤其對勞動密集型的行業來說，其所擁有的競爭優勢勢必會受到影響。勞動密集型產業靠的就是豐富廉價的勞動力資源。但是隨著薪資水準的提高，勞動力要素的優勢勢必會削弱。但從實際情況來看，企業的競爭力是由單位勞動成本決定

的，雖然薪資水準提高，提高了勞動密集型產業的成本，但是勞動力生產要素的價格升高，對人力資本的提升又造成刺激作用。勞動力的供給不僅有數量上的要求，還有品質上的要求，漲價後的薪資標準，能夠間接提高勞動生產力，勞動力的競爭優勢依然可以展現。

　　曾有一則新聞，講到某國南方一個城市發展的優勢以前靠的是「創新」，後來土地、能源、人才等生產要素告急，城市發展面臨著大的要素供給短缺。「土地」緊張，無法滿足企業對土地的需求；「能源危機」造成企業生產動力不足；「水荒」使城市居民生活用水困難，更難以保證生產用水。可見，生產要素是維繫國民經濟和生產經營的必要因素。

# 耍廢時看的經濟學

經濟學名詞懶人包

# 第 13 章
# 市場裡的企業形式是多元化的

　　市場上種類繁多的商品總是讓我們眼花繚亂。就拿一把小小的雨傘來說，單是傘的形狀就有很多種。傘的材料更有講究，現在還出現了很多種手工刺繡花紋的遮陽傘。一把傘，有國產的，有進口的，一不小心還真會挑花了眼。可是用電，為何你只能找到一個廠家，為何他們曾被稱為「電老虎」？

## 13.1
## 市場也有結構——競爭市場、壟斷、寡頭

　　如果當地市場上有一家牛奶生產廠決定把價格提高 30%，就會發現這家牛奶廠的銷售量會大幅下降。因為市場上還有別的牛奶供應商，顧客很快會轉向其他廠家購買牛奶。但是電力公司將電價提高 30%，用電量並不會發生明顯變化。人們只會比往常節約用電，很難使用電量出現大幅減少。牛奶市場和電力市場的差別非常明顯：有許多家生產銷售牛奶的廠商，卻只有一家企業賣電。市場結構的差別影響了市場上企業的決策。

　　有許多買者和賣者，並且每個賣者提供的物品大體都是相同的，這樣的市場形態是競爭市場。例如牛奶市場，沒有任何一個牛奶生產

# 耍廢時看的經濟學

經濟學名詞懶人包

商對價格有控制，因為除此之外，還有其他許多賣者能夠提供類似的產品；同時，沒有任何一個買者可以影響牛奶價格，因為在如此大的市場上，每一個消費者都是很小的個體，所能購買的牛奶的數量也很有限。而且，在競爭市場上，任何人都可以決定隨時進入或離開市場。

還有一種市場結構，少數賣者憑藉掌控的資本，在一個或多個市場，透過協商、同盟等方法，操控商品生產，以獲得高額利潤。在這個市場上，關鍵的資源由單個企業控制，沒有相近的替代品，這就是壟斷。壟斷產生的原因有三個：壟斷資源、政府創造的壟斷以及自然壟斷。

美國的資訊產業發展迅速，資訊產業對推動美國經濟的發展起著非常重要的作用。美國政府鼓勵競爭、反對壟斷。競爭可以帶來創新，比如微軟公司設計的操作系統——Windows 獲得了版權，任何人想要購買這種軟體，必須向微軟公司支付一定的費用。微軟公司鼓勵客戶將數據儲存在網路上，只要需要，就可以在任何一臺電腦上使用曾經儲存的數據。此外，還有許多誘人的捆綁服務項目。只要想享受這些服務，任何人都得向微軟付錢。但是同時微軟為了留住這些用戶，也會不斷提高自己的技術水準。

許多行業，不只是一個賣者或商人，想包攬所有的客人，以使自己得到更多的利益。壟斷行業有技術上的壟斷，比如掌控某種別人沒有的技術手段。還有一種是由國家控制的壟斷，如水電行業。

在動物世界裡，非洲獅子在獵取食物時，只對弱小的、有疾病的個體進行獵殺；食蟻獸通常也只會吃掉巢穴中的部分公蟻，並不會殺死全部白蟻。然而，人類在利益爭奪中，卻存在著各種類型的「獨吞」，

破壞了市場競爭的法則，導致很多壟斷行業的服務品質差強人意，產品品質也難以讓人信服。

在競爭市場和壟斷市場之間存在著一種介於二者之間的市場結構──寡頭。為數不多的銷售者供給該行業全部或大部分產品，每一個賣者所提供的產品都與其他企業相似或相同。每一個廠家對市場價格和產量都有很大的影響。

在美國，經濟學家用集中率來反映企業對市場的支配率。高度集中的行業包括菸草、家庭廚房設備、飛機製造等，這些行業的集中率達到了 80% 以上，最適於被稱為「寡頭」。

## 13.2

# 給壟斷者點顏色看看──對壟斷的公共政策

壟斷破壞了競爭機制，還會造成社會成本增加。有些壟斷企業為了得到更多的利潤，反對提高效率，還會產生腐敗，失信於民。

1870 年，洛克斐勒在俄亥俄州建立了標準石油這家美國歷史上最強大的托拉斯。在其成立 9 年之際，標準石油就已經控制了美國 90% 的煉油業。到了 1882 年，它壟斷了 40 多家廠商，並最後定名為美孚石油公司。以標準石油為首，美國進入壟斷時代。這樣的市場組織形式占了美國經濟的90%。之後美孚石油公司又不斷地向國外市場擴張。

隨著美孚石油公司的不斷擴張，它成為了美國政府反壟斷的對象。美國政府頒布了《休曼法案》，後來在羅斯福任期內，經美國最高法院宣判解散美孚石油公司。自此，美孚石油公司被分成獨立的企業，

標準石油的解散成為全球反壟斷的一個標誌性事件。

　　歐盟委員會於 2009 年 5 月 13 日決定向世界最大的芯片製造商——英特爾公司開出 10.6 億歐元的反壟斷罰單。這是歐盟委員會迄今對單個企業開出的最大的反壟斷罰單。2001 年 11 月，歐盟委員會曾對 8 家維生素生產企業操控市場的行為進行了罰款。2004 年 3 月，歐盟委員會以微軟公司濫用在個人電腦操作系統市場上的優勢地位，對其處以 4.79 億歐元罰款。此後，該公司又因為拒絕糾正壟斷的做法而被罰款。

　　2006 年 5 月，歐盟委員會對荷蘭阿克蘇諾貝爾有限公司等 9 家化工企業、多家合成橡膠生產商和交易商處以罰款。

　　2007 年 1 月，歐盟委員會對包括德國西門子公司在內的 10 家電氣設備制造企業結成非法卡特爾（Price Cartel）處以 7.5 億歐元罰款，以懲罰它們操控市場價格。

　　2008 年 10 月，歐盟委員會對艾克森美孚和道達爾等 10 家企業處以罰款，因為它們組成非法卡特爾操控石蠟市場。

　　以上的這些案例旨在說明，針對壟斷，各個國家的政府都採取了應對措施。壟斷是一種低效率的資源配置方式，壟斷所產生的利潤也被認為是不合理的。政府有必要對壟斷進行干預。

## 13.3

# 嫁出去的女兒，潑出去的水——沉沒成本

　　當已經發生且又無法收回，也不能由任何決策而改變的成本叫做

「沉沒成本」。「覆水難收」實際上就是一種沉沒成本。假如你看一場電影的票價是 260 元，因為有優惠券，你只花了 130 元購買的電影票，但是看到一半，你覺得電影並不好看，此時，電影票的價錢就是沉沒成本，因為你付過的錢已經收不回來了。

　　一次，印度的「聖雄」甘地乘火車出行，火車正要啟動時，甘地才踏上車門，但是他的一隻鞋子掉到了車外。任何人都沒有想到，甘地立馬脫下了另外一隻鞋子，朝著剛才那只鞋掉下去的方向扔去。隨行的人不解地問他為什麼要這樣做，甘地說：「我只剩一隻鞋子也不能穿，如果恰好有個窮人拾到這雙鞋，這可能對他有益處呢。」

　　商朝末年有個足智多謀的人物，人稱姜太公。姜太公在商朝為官時，對商紂王的殘暴統治很是不滿，於是棄官隱居。他經常坐在小河邊假裝釣魚，不管家務。妻子馬氏嫌他貧窮，不願和他繼續生活。姜太公一再勸阻也沒用，他只好讓妻子離開。

　　後來姜太公受到了周文王的重用，馬氏見他富貴發跡了，後悔當初離開他，希望能和他恢復夫妻關係。姜太公把一壺水倒在地上，叫馬氏把水收起來，馬氏費盡力氣，也只收到一些泥漿。姜太公對馬氏說：「你我已不能在一起了，好比這倒在地上的水，已經難以再收回來了。」後來，人們就用「覆水難收」這個詞，指倒在地上的水難以收回，比喻事情已成定局。

　　甘地掉下去的那只鞋和姜太公的妻子離他而去都是已經發生的成本，無法改變。最近，從一位朋友那裡得知，他又在為感情的事情煩惱。曾經頻頻聽他講起過他和他女友之間的事情。他們交往了 3 年，中間鬧過幾次矛盾，每次在快要分手的時候，我的朋友都用禮物或別

的東西挽留住了她。但最近的一次，他顯得很無助，因為他感覺這次和以前不同，女孩真的決定要和他分手。他不知道是不是還能用禮物挽留這段感情，但同時也為之前付出的所有東西感到不甘心。

我對他的建議是，他現在必須立刻停止繼續拿禮物換回暫時的感情。過去的 3 年時間和花費心思購買的禮物都是過去，忘掉這些，應該把時間和金錢用在其他地方。朋友為了得到女孩的感情，付出的時間和金錢，可以看作沉沒成本。

大家都很喜歡吃自助餐，因為自助餐提供的食物種類繁多，而且可以無限量地盡情享受。很多朋友都有這樣的經驗，一頓自助餐每位 699 元，有酒水有果盤，有海鮮有燒烤。可是每次開始時都是信心滿懷，但是總覺得還沒吃回 699 元時已經飽了。可是看到那些美味的食物，還是忍不住去拿，結果因為吃得太多，第二天身體不舒服。

經濟學家認為人是理性的，所以在做決策時，應該不考慮沉沒成本，因為沉沒成本無法挽回。在決策時不要去考慮沒有希望收回的成本，而要重新開始正確的思考。

## 13.4

# 大魚吃小魚，小魚吃蝦米——兼併

會下圍棋的朋友肯定都知道，當棋盤上佈滿了棋子的時候，如果要在一個位置下子，那就必須吃掉這個位子上的棋子。某個新的行業在剛剛起步時，市場提供的生存空間往往很大，競爭並不十分激烈。在企業成長初期，很少會有破產之說，肯定也不會出現兼併。但當一

個市場變得接近飽和，競爭壓力很大時，就需要考慮兼併其他企業了。

　　兼併，是市場競爭發展到一定階段就會出現的結果。比起新建一個公司，兼併顯得好處更多。一般被兼併的企業都有一定的生產經驗，只需要對部分設備和技術進行改造，就能很快生產出適合銷售、擁有管道的新產品。這樣，既節省了企業寶貴的時間，又避免了新建工廠在廠址選取、安裝調試等方面的時間花費。另一方面，因為不用購置場地和設備，節省了大量資金。

　　在市場經濟條件下，企業兼併是司空見慣的事情，但是企業兼併也要求具有很高的技術，兼併是契機，當然也有很高的風險，同樣也面臨著挑戰。作為企業的管理者，不能盲目地兼併中小企業，必須深思熟慮再做決策。

　　全球範圍的第一次大規模的企業兼併發生在 19 世紀末 20 世紀初，第二次是在 1920 年代，第三次是在 1960 年代，第四次兼併的高潮出現在 1980 年代。自 1990 年代以來，全球化的大兼併的規模前所未有。進入 21 世紀以後，大企業不斷兼併中小企業，走向快速擴張的道路。

　　市場經濟條件下，企業的組織活動可以透過兼併進行。廣義的兼併是指一個企業獲得對另外一個企業的控制權。狹義的兼併是指兩個規模大致相當的企業的資源重新整合。這種俗稱「大魚吃小魚」的經濟行為，是企業透過控制其他公司壯大自己的做法。

# 13.5

# 你說你沒使用過「優惠券」？──價格歧視

有時候，在翻閱雜誌的時候，會發現某個書的廣告裡夾著一張優惠券，可能是購買某種商品的優惠券，也可能是某家餐飲店鋪散發的優惠券。看到優惠券，你會不會把它們剪下來，保存好，等需要的時候再拿出來使用呢？

假定國一位非常著名的作家，最近出版了一本新作。出版公司決定給這本書確定一個合理的價格。在估計了這本書可能的需求量之後，銷售部門將讀者分為兩類：一類是國內讀者，大概有 30 萬人，他們願意為這本書支付 400 元；還有一類國外讀者，大概有 20 萬人，他們最多願意為這本書支付 200 元。

出版公司如何定價呢？假設每個讀者只購買一本，都按照最高價 400 元定價，那麼收益是 1.2 億元，失去了國外市場上 20 萬人的銷售量；假如把價格定為 200 元，那麼國內和國外的總收益是 1 億元。

在這種情況下，應該如何定價，才能賺到更多的利潤呢？實際上，出版公司可以根據不同市場上讀者願意支付的價格來確定價格。這樣，國內市場每本書的定價為 400 元，那麼收益是 1.2 億元；國外市場上每本書的定價是 200 元，共有 4000 萬元，那麼所得到的總收益就是 1.6 億元。出版商的這種有區別的定價方式可以有效地增加利潤，我們把這種以不同價格向不同顧客出售同一種物品的做法，叫做「價格歧視」。

剛才所提到的雜誌裡的「優惠券」，實際上也屬於價格歧視。因

為不是每個人都有時間或者願意花時間剪下優惠券，再拿去使用。收入較高的人，可能更願意為物品支付較高的價格，而一些低收入者更熱衷於這些優惠券。對使用優惠券的人收取較低的費用，也是價格歧視的一種表現。

　　大學校園裡的電影放映室可以以比較低的價格向學生放映最新的電影，但同一時期，在校外的電影院看同樣的電影卻要花高出是三四倍的價錢。人們現在工作繁忙，一般把晚餐當作朋友同事聚會的時間，很多餐館中午的客人非常少。於是，有些餐館就在顧客較少的中午或是下午三四點，對用餐的顧客打折。商場裡，我們也經常可以看見「買200 送 100」之類的廣告，也屬於價格歧視向不同人群定價的手法。

　　不管是中華電信還是台灣大哥大，很多人並不瞭解自己選擇的消費套餐所包含的每個項目，也並不是每個人對自己每月電話使用的費用都會做詳細的研究。有可能只是想要好好研究一下現在的套餐內容，或者選擇更適合自己的套餐，但並未付諸行動，因為這需要花費時間，還要去營業廳辦理，麻煩又費事。

　　其實，手機服務商非常聰明，他們知道那些想要努力找到適合自己的套餐模式的人對價格的反應很強烈，如果適當降低價格，這一類的消費者人數就會增加。而那些不想瞭解節省話費方式的人們對價格的反應並不敏感，那麼手機服務商也不會針對這些人群有話費優惠活動，因為即使漲價，這些消費者的需求也不會減少。

　　只針對某一人群，單一定價可能會失去很多潛在的消費者，而價格歧視卻可以增加企業的利潤。

### 13.6

# 人不為己，天誅地滅——賽局

多個決策主體在相互作用時，各主體會根據所掌握的資訊，做出最有利於自己的決策，這種行為就叫「賽局」。

第二次世界大戰結束後，形成了兩個超級大國，蘇聯和美國。它們都有各自的盟友國，一起組成了兩大對立的陣營。1963 年赫魯雪夫將導彈偷偷地運送到古巴，當時的古巴領導人卡斯特羅政權是蘇聯的盟友，當然就是美國的敵人。蘇聯的行動被美國的飛機偵察到了，美國很是震驚，甘迺迪總統向蘇聯發出嚴重警告，蘇聯方面對此卻矢口否認。美國決定對蘇聯的這一行為進行回擊，於是派遣了空軍，並集結了登陸部隊。

面對美國的反應，蘇聯面臨著一種選擇，是撤回導彈還是繼續堅持在古巴進行軍事部署？美國方面來說也是一樣，是容忍蘇聯的挑釁行為還是時刻準備挑起戰爭？

如果開戰，結果當然是兩敗俱傷；如果有一方退下來，那也是不光彩的事情。後來，蘇聯將導彈從古巴撤走，美國也象徵性地從土耳其撤走了一些導彈。這是美蘇之間的一次對抗，對於蘇聯來說，退下來總是要好過戰爭；對美國來說，既沒有發生戰爭，又保全了臉面。

美蘇兩國的軍備較量就是一場博弈，在這場博弈中由於雙方採取的策略得當，就避免了戰爭的發生。除此之外，最著名的博弈的例子是「囚徒困境」，講的是警方逮捕了兩名嫌疑人，但因為沒有足夠的證據，於是警方將二人分開審訊，並提出以下的選擇：

其中一人認罪並檢舉對方，另一方保持沉默，釋放認罪者，判沉默者 10 年。

如果二人互相檢控，二人都判刑 8 年。

如果二人都保持沉默，二人判監 1 年。

兩名囚犯會如何選擇，問題就出現了。甲會認為，假如我認罪，那馬上就可以獲釋，不招則要坐 1 年牢，一旦乙認罪，而我不認罪，我則要被判 10 年，那麼還是招了吧。同樣的考慮也會發生在乙身上，因為他們都只關心各自的狀況。

結果是，兩名囚徒都選擇了招供，二人都被判 8 年。

處於囚徒困境中的雙方能否透過溝通和商量選擇合作呢？答案是否定的。僅僅憑藉商量是無法合作的。因為，雙方都會想，即使在商量時能夠達成一致，表示合作，如果對方真的合作了，那麼自己選擇不合作，將會帶來更多的利益。因為有這種想法的存在，雙方都無法完全信任對方。囚徒困境是一種特殊的賽局，說明為什麼即使合作對雙方都有利時，保持合作也比較困難。

兩只公雞狹路相逢，即將展開一場較量，每隻雞都有兩種選擇：退下來或是進攻。如果公雞甲進攻，而公雞乙退下來，那麼甲就獲勝；如果甲、乙都選擇進攻，則會兩敗俱傷；如果公雞甲退下來，而公雞乙進攻，那麼乙就獲勝；如果甲、乙都選擇退下來，那麼雙方會打個平手。因此，對每只公雞來說，最好的結果就是對方退下去，而自己選擇進攻，這就是「鬥雞賽局」，旨在說明兩個強者在發生衝突時，如何能讓自己占據優勢，力爭得到最大的收益。

# 耍廢時看的經濟學

經濟學名詞懶人包

# 第 14 章
# 勞動者、收入分配、教育投入，一個都不能少

　　聽到周圍有的朋友抱怨，在公司裡根本不被重視，總是做一些跑腿、打雜的事情。整個人都沒有熱情，時不時還會面對莫名其妙的指責。對待這樣的訴苦，你會如何勸說那些剛進入職場的朋友？ 看到經歷風吹日晒，整日整夜在建築工地上做苦工的工人，每個人心裡都會同情地說：「他們做的是最苦最累的工作，拿到的卻是較低的報酬。」有些人腦子動一動，就會賺到幾百萬元，這又是怎麼回事呢？

## 14.1
## 女人不再是「半邊天」了——收入差距

　　最近，一項最新的研究發現，女性賺錢越多，家事做得越少，而這與她們的丈夫賺多少無關。

　　研究人員對 918 名雙薪家庭的女性進行了研究，結果發現，薪水越高的女性做的家務越少，比如做飯和照顧孩子，年收入達到 4 萬美元或以上的已婚女性每天做家務的時間比年收入 1 萬以下的女性少近 1 個小時。

　　以前人們認為女性與丈夫之間的收入差別最明顯，但現在看來，

# 耍廢時看的經濟學
經濟學名詞懶人包

問題的關鍵是女性自身的收入。研究表明，已婚女性的年收入每增加 7500 美元，每週做家務的時間就會減少 1 小時。

美國人口普查局的統計資料顯示，1965—1995 年，美國女性的平均收入增加了 6200 美元。而在此期間，已婚女性每週做家務活的時間也減少了 14.6 個小時。研究結果說明，女性在用自己賺的錢為自己減輕家務負擔，比如雇清潔工代替自己打掃、訂外賣代替自己做飯等。

隨著婦女社會地位的提高，婦女不再只是孕育孩子、做家事了。越來越多的婦女進入了勞動力市場，對市場最直接的影響就是勞動供給增多。婦女的收入較以前有了明顯的增加，自身的社會價值也展現了出來。

在繁華的都市，仔細觀察，你就會看見很多外來人口，他們說著不道地的國語，夾雜著很濃的口音，穿梭在擁擠的人群中。有的在車流中，向車主兜售小商品。他們居無定所，甚至寄居在城市的橋洞車站。

英國的一項報導稱，劍橋大學的副校長年收入是普通職工薪水的 20 倍。家政行業的某些人員如清潔工、女管家，還有服務行業的廚房雜工、服務員每年得到的實際薪資並沒有達到最低的薪資水準。但是大學校長、教授的年薪都超過了幾十萬英鎊。

家政人員和副校長的收入存在很大的差距。實際上，薪資差別的存在是合理的。如補償性薪資，在高危行業、高技術行業，高管理要求行業的薪資高是正常的。同質的勞動者，在從事工作條件和環境不同的勞動時，要對某些職業支付較高的薪資，以彌補不同職業的非金錢的差異。夜班工人要比白班工人所付出的實際勞動量多，他們往往

要承受疲勞，而且違背生活規律的勞動對一個人的身心都會產生嚴重的不良影響。

有些人認為，過去幾十年的經濟成長，是以收入不平等為代價的，尤其是城鄉之間的收入不平等。

在當今社會，收入不平等問題牽動著每一個人的神經，特別是低收入群體。這樣的現狀下，社會仇富心理增強，對社會造成了不好影響。因此，如何縮小居民、城鄉、行業內部等一系列收入不平等是我們亟須關注的。

## 14.2
## 「木桶理論」的經濟學意義——收入再分配

水桶要想盛滿水，必須每一塊木板都一樣平齊。如果其中的一塊木板不齊，這個水桶就無法盛滿水。我們都知道，一個水桶能盛多少水，並不取決於最高最長的那塊板，而是取決於最短的那塊。只有木桶的所有木板都足夠高，水桶才能盛更多的水，這就是木桶原理。木桶原理在很多組織管理方面都有展現，構成組織的各個部分是優劣不齊的，但是劣勢決定了整個組織的水準。

一個電器行業的員工，因為工作中和總經理的意見不同，他們之間相處得很不融洽。因為自己的工作總是得不到肯定，便漸漸地失去了興趣。此時，與這家企業合作的甲公司需要一名技術人員協助他們開發新市場，便向這家企業的總經理要求借調一名員工。總經理再三考慮之後，決定派這名員工去甲公司。當然這名員工十分高興，覺得

自己這下可以好好展示一下了。他深知自己這次出去事關重大，不僅代表自己，更代表企業的形象。

個把月後，甲公司打來電話說：「你們的員工真棒，幫助我們順利地開拓了新市場。」這家電器行業的總經理總算鬆了一口氣。這位員工回來以後，總經理對他另眼相看，這也增加了他的自信心。後來，他果然為企業的發展做出了不小的貢獻。

這個例子表明，可以透過對「短木板」的激勵，使它慢慢變長，從而提高企業的總體實力。所以在加強水桶盛水能力的過程中，不能把「長木板」和「短木板」簡單地對立起來。每個人都有自己的「長木板」，發揮他的長處，讓他站在適合他的位置上，才是最合理的。

把企業比作木桶，企業的競爭力是整個團隊實力的表現。企業可以透過開展培訓，不斷提高員工的素質和技能，特別是短板的提高，從而整體增強企業的競爭力。

## 14.3

# 人的經濟學因素——人力資本和教育

傳統意義上，生產要素包括勞動、土地、資本。亞當斯密也曾把人的能力當作資本的組成部分。人們越來越意識到人力資本在技術革新、提高生產力方面的重要作用。對人力資本的大力投資，對促進經濟的成長是很必要的。而在人力資本的投入上，需要政府購買此項服務，所有的教育政策、勞動力培訓都離不開政府。

一些已開發國家，在人力資本上的投入已經得到了明顯的成效，

投資報酬率不斷提高。教育政策能使每一個平等的主體得到同樣的機會，實現個人的價值最終服務於社會。但是，還有很多國家的教育政策只是偏向家庭狀況好的學生，一般家庭的學生無法享受到更高層次的教育資源，沒有機會完成學業。收入差距使人力資本的價值無法展現。對於家境貧寒的學生，政府為其提供的教育機會和資源就顯得尤為重要。

看看我們身邊的朋友和家人，現在已經很難找到沒有完成高中學業的人了。從 1970 年代開始，沒有高中文憑的人在勞動力市場上得到的待遇就明顯下降。尤其是近些年，隨著產品和服務項目的更新，對技術的要求也不斷提高。新的環境和高品質的產品要求，使人們不得不在人力資本上下工夫。幾乎所有的職位對學歷的要求都是大專以上。從每一年的研究生招考也能看出，人們越來越重視對教育的投入。很多大學生為了今後的更好發展，在畢業後，沒有選擇立刻工作，而是選擇繼續深造，因為他們知道，知識和技術才是第一生產力。

哈佛大學教授羅伯特・巴羅過去的一項統計資料顯示，25 歲以上的巴西人中，2/3 以上的人口接受正規教育的時間不足 4 年，另外有 1/4 的人口根本沒有接受過教育。在非洲一些國家的貧民窟，隨處可見的是沒有去學校念書，而在街頭流浪的孩子們。這些地區的孩子的成長環境尤為特殊。家中沒有受過教育的人，家境又貧窮。靠強制性的約束命令，是無法改變這種狀況的。很多家庭不得不使自己的孩子輟學，提前進入社會。

在美國柯林頓總統在任期間，也曾提出過補助大專教育的政策。但是對於那些高中還未上完的學生，他們在市場競爭中會慘遭淘汰。

那麼政府的人力資本計劃，就應該包含對這一類人群工作狀況的改善。職業培訓計劃、針對市場需要開設的成人教育培訓等都能改善他們的就業機會。

勞動力同樣是一項重要的資本，改善勞動力的素質，重視對人力資本和教育的投入，才能使一個國家在國際市場上具有競爭力。

## 14.4

# 學會說「不」──時間管理

你也許用技術、用工具管理過工作、管理過事務，但是你有沒有管理過自己的時間呢？時間管理就是用技巧等幫助人們，透過有效地運用時間，決定該做什麼事情，不能做什麼，降低可變性，並最終幫助人們完成工作、實現目標。

世界領先的管理諮詢公司麥肯錫曾經在一次諮詢過程中得到了沉痛的教訓。在為一家重要的大客戶做諮詢時，麥肯錫的專案負責人在電梯裡遇見了對方公司的董事長，董事長很想瞭解該專案的實施情況，就問麥肯錫的項目負責人，希望知道現在專案的進展。

專案負責人根本沒有做任何準備，他沒有料到會在電梯裡遇見客戶，沒想到客戶會抓住在電梯裡的時間詢問專案的有關情況。而且，即使做了準備，也無法抓住要點在電梯從 1 樓到 30 樓這麼短的時間內將其說清楚。結果，很明顯，麥肯錫失去了這位重要的客戶。

經過這次教訓以後，麥肯錫要求公司員工學會在最短的時間將結果表達清楚。麥肯錫認為，一般情況下，人們所能記憶的內容不多，

只能記住一二三，而記不住四五六，所以，凡事都將重點歸納在 3 條以內，這就是著名的「30 秒鐘電梯」理論。麥肯錫的做法，實際上就是對時間的管理，即用最少的時間或者在規定的時間範圍內，做好應該做的工作。

日本有一項專業的統計數據表明，人們每 8 分鐘就會受到 1 次打擾，每小時大約 7 次，每天 50 ～ 60 次。平均每次打擾大約是 5 分鐘，每天被打擾的時間就是 4 小時，按 8 小時的工作時間計算，就有一半的時間被打擾。在這 4 個小時裡，80% 的打擾是沒有意義的，被人打擾以後重新拾起原來的思路平均需要 3 分鐘，總共每天需要 2.5 小時，這樣計算下來，每天因為打擾而產生的損失是 5.5 小時。

華為公司的管理者在對員工進行時間管理培訓的時候，要求每個員工首先要認識到：打擾是時間的第一大盜。在時間管理培訓的第一部分，就讓員工們瞭解到大量的時間浪費來源於工作缺乏計劃，比如沒有考慮到工作的實際操作性；沒有考慮到工作的持續性，導致工作做了一半只能擱置；沒有考慮選擇更好的工作方法，結果耗時耗力。

另一方面，不懂得適時地說「不」，也是一種不明智的行為。人們在平時的工作中常見的一種情況就是不會拒絕，任何人都可能把自己的事情推給別人，如果這個人把並不屬於自己工作範疇的事情，也一一攬過來，結果是自己不能勝任，也耽誤了別人的事情，從而浪費了自己的時間，結果對雙方都沒有好處。

在接到別人的委託時，先對自己的能力進行分析，看是否能如期保質地完成，如果不能，要懂得在適當的時候說「不」。為瞭解決因為打擾而浪費掉時間的問題，華為公司要求員工在接到沒有意義的電

話時要有禮貌地掛斷，可以多採用一些干擾少的聯繫方式；為了避免上司的突然打擾，要學會積極主動地與上司交流。在拜訪客戶前，要瞭解客戶的生活習慣，盡可能減少工作流程，減少耽誤降低工作效率的環節，節省寶貴的時間。

# 14.5

## 職場新人的苦衷——蘑菇定理

　　任何人在成長過程中都會經歷困難、坎坷和磨難。身處小企業或簡易的工作環境中，理想和現實差距很大，但這樣的艱苦環境才更考驗人。因為小企業善於起用新人，只要一如既往地表現突出，會很容易就脫穎而出。

　　馬上要畢業的小華，每天都為工作的事情發愁，參加了許多場招聘，也參加過面試，不是覺得職位設置不適合自己，就是覺得自己所學的專長沒有得到賞識。眼看著就要畢業了，同學們差不多都定下了工作單位，小華還在猶豫。其間，小華去了一家公司實習，以為自己會被安排到重要職位，誰想到一去就讓他做櫃檯接待的工作，每天除了接待來訪的客人外，還有很多細小瑣碎的事情要他處理。小華很失望，漸漸失去了熱情，也不打算把這家公司列入自己的考慮範圍了。

　　小華這種情況並不鮮見，很多剛走出校門的大學生都對自己的未來抱有很大的希望，認為自己的高學歷、高智商應該有一份相匹配的工作。在公司，受到上司和同事的認可，得到社會的肯定。但是激烈的社會競爭，對這些剛入職場的人們來說是殘酷的，現實情況是新人

因為年輕，不被人重視經常會有挫敗感。一般人都會把薪資和別人的肯定當作評判自身價值的標準。一旦薪資達不到預期，得不到重用，這些年輕人就很容易失去鬥志，變得沒有信心，從積極工作到消極怠慢。

　　蘑菇生長的環境陰暗潮濕，在生長的過程中，還會被遺棄。人們用這個形象的比喻來形容初入世者被置於角落，不被重視，還要接受無端的批評、指責，得不到指導，任其自生自滅的過程。這一原理被提出時，正是電腦行業的開端。電腦程式員的工作不被人理解，他們就激勵自己：要像蘑菇一樣生活，充滿信心，總有一天會出人頭地。

　　組織管理中針對職場新人的管理方法就是「蘑菇定律」的寫照。一般職場新人在剛開始都會被分配到不受重視的部門，什麼活都要做，還要接受人們的批評指責。但是我們知道，很多大企業，包括世界級的大公司，管理人員就是要從最基層做起，瞭解企業的每一環節的生產運作，從基層做起，還能積累個人修養，瞭解每一層次員工的工作內容和流程，為做好以後的管理工作做準備。另一方面，從基層做起，能培養一個人堅強的毅力和吃苦耐勞的精神，一旦獲得成功，才懂得珍惜。在平常的工作中，還能發現人才。實際上，這樣看來，「蘑菇」的這種經歷對年輕人的成長也是非常有益的。

　　管理層也要多給予新人鼓勵和肯定。而作為新員工一定要有良好的心態，調整好自己，保持樂觀自信的狀態，避免急功近利。儘快適應不同於學校的社會環境，少說多做，腳踏實地。從小事做起，盡心盡力，不斷學習，找到適合自己的職業規劃，走出「蘑菇期」，就會迎來事業發展的春天。

# 耍廢時看的經濟學
經濟學名詞懶人包

# 第 15 章
# 有利可圖就生產——短期總供給曲線

　　薪資不是隨時都漲的，你要買的產品卻是隨時都可以上漲的。看似賣得很好的房子，等你去買的時候，說不定就剩一些風水不好的地段；房地產景氣好了，大家就一窩蜂似的去買房；黃金漲了，大家又一窩蜂似的去炒黃金；紅酒大紅了，許多人又開始囤積紅酒；大蒜去年被炒到 60 元一斤堪比肉價，於是今年大家鏟掉生薑一窩蜂地種大蒜，結果大蒜價格一路跌到 9 元一斤，導致大量囤積，這些都怎麼解釋呢？

## 15.1
## 漲薪資總不會那麼及時——黏性薪資理論

　　公司的薪資大多數情況下是固定的，一家公司也不會輕易地為其員工漲薪資或者降薪資，我們稱其為剛性薪資，而物價的變化是有彈性的，如何使剛性的這種缺陷適應彈性的變化呢？經濟學家為此提出了黏性薪資理論。

　　小張在一家文化公司上班，每月基本薪資 35000 元，她每月除了15000 元的固定存款以外，還有 8000 元的房租，2000 元的電話費，以及 10000 元的日常開銷。最近一段時間，隨著對美元匯率的提高，

# 耍廢時看的經濟學

經濟學名詞懶人包

物價漲了不少，因此，小張也感覺到了來自經濟方面的壓力。

以前出去吃飯，一份套餐 100 元錢，現在漲到了 150 元，一杯可樂原來 30 元，現在 50 元。衣服價格也漲了，原來棉質長裙一件 1000 多元，現在卻要 2000 多元。

前幾天房東通知小張，房租也要再漲 2000 元……這些細節性的變化直接影響了小張薪資分配的格局。好在前幾天公司鑒於員工在外面吃飯比較浪費時間和不安全，於是設置了公司自己的餐廳，免費為大家提供早餐和午餐，這樣小張在吃飯上就可以節省一筆開支。小張跟公司同事小麗，迫於租房壓力，兩人決定合租，這樣每人均攤 5000 ～ 6000 元，反而房租的費用小張每月能少出 3000 多元。

儘管小張的薪資沒有及時上漲，但是因為她對消費進行了重新分配，生活依然能夠過得很滋潤，沒有太大的變化。最近，經過 7 ～ 8 年的奮鬥，她已經開始和男朋友決定合力買房。

黏性薪資理論是指短期中名義薪資的調整慢於勞動供求關係的變化，因為企業根據預期的物價水準支付工人的薪資。如果以後實際的物價水準低於預期的水準，即發生了通貨緊縮，那麼工人的名義薪資仍然不變，但實際薪資水準卻上升了。

薪資的增加使企業實際成本增加，從而減少就業，減少生產，總供給減少。總供給與物價水準同方向變動。相反，如果以後實際的物價水準高於預期的水準，即發生了通貨膨脹，那麼工人的名義薪資仍然不變，但實際薪資水準卻下降了。薪資的減少使企業利潤增加，從而增加就業，增加生產，總供給增加。總供給與物價水準仍是同方向變動。

在物價總水準上升時，一些企業不迅速提高自己產品的價格，從而它的相對價格（相對於物價水準的價格）下降，銷售量增加，生產增加，總供給增加。這就是物價上升引起總供給增加。同樣，在物價總水準下降時，一些企業不迅速降低自己產品的價格，從而它的相對價格上升，銷售量減少，生產減少，總供給減少，這就是物價下降引起總供給減少。價格的黏性引起物價水準與總供給同方向變動。

# 15.2
# 改變菜單需要成本——黏性價格理論

我們都有去餐館吃飯的經歷，當你走進一家餐廳，肯定是去吃飯了，這家餐廳價廉物美，讓你值得常來，或者是這家餐廳的裝飾環境高雅怡人，讓你流連忘返。

不論顧客出於哪一種動機，都是餐廳老闆研究的主題，為了每天都有顧客，他必須這樣做。餐廳老闆為了贏得顧客，會不斷更換、添加新菜式；大量印發餐廳特色菜的宣傳單，僱人去發放；高薪聘請更厲害的廚師；僱傭和培訓有更多微笑，能帶給顧客春風般感受的服務員。這些舉措可以更好地改善餐廳服務。不過作為顧客，他們基本上不會注意這些問題。

餐廳為了保證生意興隆，暗地裡做了許多工作，但顧客來吃飯的時候，假如菜單上的價格上漲，就會很不滿，下次也許就不會來了。因此我們會驚奇地發現，餐廳為了自己的生意，絕不會輕易上調或者下調菜餚的價格，因為顧客需要的就是這種貨幣幻覺，輕易改變菜單

# 耍廢時看的經濟學

經濟學名詞懶人包

上的價格，是要帶來更大成本的。

這就是黏性價格理論的經濟現象依據，它屬於新凱因斯主義的一種經濟學觀點。黏性價格理論是指短期內價格的調整慢於物品市場供求關係的變化。因為在物價總水準上升時，一些企業不迅速提高自己產品的價格，從而它的相對價格（相對於物價水準的價格）下降，銷售量增加，生產增加，總供給增加。這就是物價上升引起總供給增加。同樣，在物價總水準下降時，一些企業不降低自己產品的價格，從而它的相對價格上升，銷售量減少，生產減少，總供給減少，這就是物價下降而引起總供給減少。

價格的黏性引起物價水準與總供給同方向變動。我們再來看看前面說到的餐廳，因為改變菜單需要付出更大的代價，所以餐廳老闆願意保持穩定的價格以贏得顧客的多次光顧。但持反對意見的人就說了，更換一張新的菜單能花多少錢呢？才幾塊錢，但是這些持反對意見的人忘了因菜單改變而帶來的其他相關成本，比如餐廳長久以來給顧客的印象、顧客的消費承受能力，因菜單改變而產生的宣傳成本等，這些都會影響到餐廳的經營狀況。一隻蝴蝶在南美洲輕輕一扇翅膀，可能就會帶來美國的一場風暴！正是這些容易被人忽視的隱性成本，造成了今天歐美的金融危機。

凱因斯革命導致個體經濟學與整體經濟學的分裂，價格黏性理論的努力則試圖將兩者再次結合起來。無論假定價格是靈活的還是有黏性的，經濟學的基礎使價格理論都得到了充分強調。由於價格黏性理論不僅涉及市場機制的有效性，還是週期性失業和經濟波動的個體基礎，進而直接決定了政府的整體經濟干預政策，所以價格理論的重要

性無論怎樣強調都不過分。

　　因此，我們從傳統的價格理論出發來評述價格黏性理論。如圖所示，這裡引用了一個經典的均衡價格模型。如果價格充分靈活，我們知道經濟體系最終會處於 E 點並實現市場出清。對於古典理論，這是一個長期將會實現的均衡現象。問題是，長期對我們來說不具現實意義。從暫時和短期來看，價格經常黏在 P1 或 P2 點，前者導致過剩，後者導致短缺，因而出現非均衡常態。原凱因斯主義武斷地假設價格黏在 P1 或 P2，以此為基礎提出國家干預主義以消除經濟危機。

# 15.3

## 感覺與眼睛也會騙人的──錯覺理論

　　天后級歌手蘇芮曾經唱過一首紅遍大江南北的歌《跟著感覺走》，其哲學層面的含義是主觀的判斷應該重視第一印象，重視自我的直覺判斷。

　　經濟學中也有投資者心理影響股價以及購買行為的理論，具體到短期總供給曲線，錯覺理論也是一個很重要的組成部分。

　　錯覺理論是指物價水準的變動會使企業在短期內對其產品的市場變動產生錯誤判斷，從而做出錯誤的決策。

物價水準下降實際是各種物品與勞務價格都下降，但企業會更關注自己的產品，沒有看到其他產品的價格下降，只覺得自己的產品價格下降了。由產品價格下降企業會得出市場供大於求的悲觀判斷，從而減少生產，引起總供給減少。同樣，當物價水準上升時，企業也會誤以為只有自己的產品價格上升了，從而作出市場供小於求的樂觀判斷，從而增加生產，引起總供給增加。

當物價水準變動時，企業產生的這些錯覺會使物價水準與總供給同方向變動。這些錯覺是因為企業家並不是完全理性的，並不能總擁有充分的資訊，從而發生判斷失誤，在長期中，他們當然會糾正這些失誤，但在短期中這些失誤是難免的。

**15.4**

# 失業是個壞消息──勞動改變短期供給曲線

勞動、產量、薪資、價格等經濟關係在經濟學上主要用短期供給曲線來分析，短期供給曲線反映短期內產量和價格之間的關係，短期界定的是至少有某種生產要素在該時間段內保持不變。從圖像上看，短期供給曲線即邊際成本曲線在平均可變成本以上的部分。

「邊際」這個詞可以理解為「增加」的意思，「邊際量」就是「增量」的意思。說得確切一些，自變量每增加一單位，因變量所增加的量就是邊際量。比如說，生產要素（自變量）增加一單位，產量（因變量）增加了 2 個單位，因變量增加的這 2 個單位就是邊際產量。或者更具體一些，運輸公司增加了一些汽車，每天可以多運 200 多名乘

客，這 200 名乘客是邊際量。邊際分析法就是分析自變量變動一單位，因變量會變動多少。

　　假設企業總是以追求最大利潤為自己的目標，它就要按 P=MC 的條件決定自己的產量，即邊際收益等於邊際成本，即隨著市場價格 P 的變化，企業的產量總是沿著 MC 曲線而增減。但當市場價格低於 AVC 曲線的最低點時，企業就要停產。所以在 AVC 曲線以上的 MC 曲線部分就是企業的短期供給曲線。如果已知各個企業的短期供給曲線，就可以求出行業的短期供給曲線。行業的短期供給曲線等於行業內各企業短期供給曲線橫向相加。

　　從以上分析中我們可以看到，在完全競爭條件下，以尋求利潤最大化為目標的企業，總是要在 P=MC 的產量水準上生產。這時，它的利潤最大（或虧損最小）。除非 P=AVC 時，它才停產。應當指出的是，完全競爭企業的這種均衡是短期均衡，因為在完全競爭條件下，企業的經濟利潤（或經濟虧損）只不過是暫時的。隨著新企業進入這個行業（或老企業退出），企業的經濟利潤（或經濟虧損）會逐漸消失。

# 15.5

# 給自己放個假吧——資本改變短期供給曲線

　　資本在短期供給曲線當中具有十分重要的地位和作用，它可以大大縮短項目完成的進程，也可以使勞動者從繁重的體力勞動中解脫出來，購買到先進的生產資料如技術、設備等。資本也能影響產量和價格，從而影響供求關係，但它不是改變供求關係的決定因素。比如說，

市場上需要 100 匹花布，廠商的資本有限，決定了他的生產能力只能達到 1 天生產 10 匹花布，就是說 10 天才可以完成市場需求的產量。

如果資本充裕的話，他可以多僱傭工人或者購買到先進的生產機器，那麼，1 天就能生產 20 匹，這樣，他僅用 5 天的時間就可以完成市場需要的產量。此後，如果再擴大生產，可能就會供給大於需求，導致生產過剩。在這 5～10 天中，需求若發生變化，比如花布的需求減少為 50 匹，白布的需求增加為 50 匹，那廠商就需要添加或者更換設備才能滿足需求了。

## 15.6

# 站在巨人的肩膀上──技術改變短期供給曲線

2011 年 10 月 5 日，對全世界的蘋果粉絲來說，是一個令人悲痛的日子，因為在這一天蘋果公司創始人、總裁史蒂芬・賈伯斯永遠地走了，帶著一個璀璨無比的光環和奇蹟走了，留給世人的是無限的懷念和追思。

創新技術、創新設計是蘋果產品暢銷全世界的不二法門。蘋果公司以產品的不斷創新聞名於世，有那麼多的創新型企業，為什麼蘋果公司成為了世界的焦點呢？

暴雪同樣是一家令全世界矚目的公司，他們公司設計的電腦遊戲，不知有多少玩家為之痴迷，甚至不惜為爭奪資源大打出手，或者沒日沒夜地玩，以至於女朋友都成為活寡婦。世界上有那麼多的遊戲公司，為什麼就暴雪能成為全球玩家的不二之選呢？

## 第 2 篇　有趣的經濟關係：三方主體

### 第 15 章　有利可圖就生產——短期總供給曲線

2012 年 5 月 24 日，根據亞馬遜網店的統計，暴雪公司的《暗黑破壞神 3》首日發售超過 350 萬張，一週內突破 630 萬張，首發當天全球就有 470 萬人使用這個遊戲，這還不算網咖玩家。

我們已經知道，短期供給曲線是研究短期內廠商的產量與價格之間關係的數學表達。它要求在短期內至少有某種生產要素在該時段內保持不變。此時，我們可以假定短期內價格不變，因為技術創新因素的刺激，在媒體的大力宣傳下，蘋果手機和《暗黑破壞神 3》的銷量在短期內（發售當日、一週內、一月內）銷量大增，致使其產量大幅增加。當短期內的銷量達到飽和以後，這些公司就開始降價和進行優惠促銷活動，拉動產量和銷量繼續成長，這時，唯一不變的就是技術和服務。

短期總供給曲線是反映短期中總供給與物價水準之間的關係。在短期內，總供給與物價水準同方向變動，總供給曲線是一條向右上方傾斜的線。可以用黏性薪資理論、黏性價格理論和錯覺理論來解釋這一點。前面我們已經分別對這 3 個理論作了通俗的解釋。

我們已經知道，薪資、價格、錯覺都會影響短期供給曲線，那麼技術又是如何對其產生影響的呢？科學技術是第一生產力，生產力決定生產關係，技術對短期供給曲線的影響是決定性的，不但能對產量、價格、生產資料的更新和添置、產品的更新換代產生重大影響，對供求關係也能產生重大影響，能對客戶的需求適時地做出調整和變化。

Nokia 通訊公司和黑莓公司都是世界知名的手機生產商，Nokia 曾連續幾年在全球保持銷量世界第一，原因正是 Nokia 產品的技術先進、品質優良。Nokia 手機曾經因為信號好、結實耐用給無數客戶留

下了深刻的印象。

　　而黑莓手機因在 2001 年的「911」事件中的獨樹一幟的優越表現而名聲大振，一時風光無限，成為眾多好萊塢明星炫耀身分的新寵。在災難面前，任何的通訊信號都中斷的情況下，黑莓技術透過它獨特的行動郵件發送系統使得美國政府高層之間能及時聯絡，使得救援人員能在第一時間掌握災情，設法施救。

　　經過此事件，黑莓公司的市值一度突破 150 億美元。但是這兩家公司長期以來陶醉於自己的成功，不思進取，在如今技術創新大爆發的時代，很快就被其他新穎的手機產品取代了。如今的 Nokia 和黑莓都陷於資金困局，Nokia 甚至以 1200 萬美元的低價將自己在紐約的總部大樓賣掉，要知道它當年買進此樓的時候可是花了 3000 萬美元。黑莓公司因為技術單一，很快被其他的手機生產商集成此技術，作為了自己產品多樣化性能中的其中一項，致使黑莓公司產品大量滯銷。

　　由此可見，技術是改變短期供給曲線的主要因素，在短期內，它會對產品的銷量和價格產生重大影響。

## 15.7

# 開拓新天地，找尋新資源
## ——自然資源改變短期供給曲線

　　當牛仔在美國西部騎馬開槍的時候，那裡還是碧血黃沙的荒涼之地，但當人們在那裡發現金礦以後，就迅速成為一方追求財富夢的熱土。人們紛紛前往淘金，那裡的人們紛紛變得腰纏萬貫、富甲一方。

第 15 章　有利可圖就生產──短期總供給曲線

當這裡的資源漸漸枯竭，人們又會將那渴求財富的眼神投向哪裡呢？

　　短期的自然資源給人們帶來的財富，可以引起其他產品價格上漲，一方面刺激生產成本和生產原料的價格上升，另一方面也促進了工人薪資的成長，因此促進人們購買力的上升，這將導致產品的價格進一步上升。這時擁有大量自然資源的人將成為特權消費者，他們將推動奢華消費的大幅成長，促使產品的價格進一步上升。但當這個價格嚴重超出了當地居民的平均消費水準時，國家就會進行整體調控，因為政府的職能就是消除經濟發展的兩極分化，促進社會的和諧發展。這樣，價格就會下調，生產成本和人力成本的上升趨勢都會得到遏制。

　　A 和 B 是某大學的大四學生，他們在談自己畢業以後的人生理想時，甲說：「我願意做一名老師，回到我可愛的家鄉，為社會培養有知識有文化有理想的人才，並為此貢獻我的一生。」B 搖搖頭，他反對 A 的想法，他說：「我是從山村出來的大學生，我不願意再回到老地方，我喜歡城市，也喜歡城市裡的發展機會，因此我希望做一個成功的商人。當我身價億萬之時，我就可以為家鄉投資數百萬上千萬，為家鄉建設現代化的學校和其他設施，讓家鄉人脫貧致富，澈底改變家鄉的舊面貌。我不願意自己清貧一生，這樣的人生只是為他人作嫁衣裳，太悲苦了。」

　　A 認為 B 太急功近利，沒有至高的奉獻精神，B 批評 A 太理想化，不現實。其實，從經濟學的角度來看，這只是一個長期投資和短期投資的問題，也可以從短期總供給曲線和長期總供給曲線來分析。A 保持長年的價格不變，他改變的是人，是思想，能幫助更多的山村孩子擺脫矇昧無知，為社會培養大量有用人才，這是一個很慢的潛移默化

## 耍廢時看的經濟學
經濟學名詞懶人包

的過程；而 B 的選擇則充滿了激盪和變數，在短期內他將不斷改變自己的價值，不斷為其加碼，以經濟成長的手段刺激落後地區的經濟發展，這是一個短期行為，產生的也將是短期曲線。

其實 A 和 B 的選擇都沒有錯，正所謂「天高任鳥飛，海闊憑魚躍」，人各有志，在這個多元化的社會，也允許有多元化的選擇。

# 第 16 章
# 長期提供——長期總供給曲線

價格隨時上下波動，可能會影響到我們的日常生活，也會影響到小商販的生意，但價格的波動，似乎對那些超級大商家如肯德基、可口可樂、雀巢等的發展，並沒有產生太大的影響， 甚至公司高層的變動，某些尖銳事件的爆發，也不能動搖他們的根基，這用經濟學原理該如何解釋呢？

## 16.1
## 漲價不一定增產——長期總供給曲線是垂直的

按照西方學者的說法，在長期中，就業水準並不隨價格的變動而變動，而是始終處於充分就業的狀態，此時的總供給曲線是唯一的一條垂直線。這時候總需求的變動並不會引起國民收入和價格水準同方向變動。

玩過收藏的朋友都知道，越是稀少的藏品其價值越高，價格也越高。正是因為不能複製和再現其歷史所帶來的價值，所以就像天王巨星們的演唱會門票一樣，儘管票價高得令人咋舌，卻還是一票難求，這就是「稀缺」的價值，因為特定明星的特定演唱會不會年年都有。

為了更好地理解，這裡先說明為什麼短期總供給曲線是向右上方

傾斜的。按照西方主流經濟學即凱因斯主義經濟學的解釋，在短期中，勞動的價格即貨幣薪資具有黏性，只要存在薪資黏性，供給曲線就一定向右上方傾斜。所謂薪資黏性，是指在短期內薪資的調整是極其緩慢的。於是廠商的生產成本通常不變或者變動很小。並且在短期，其他很多投入品的價格也是不變的，如廠房、機器。這時，如果產品價格上升，廠商的利潤就會增加，在實際產出未達到潛在產出之前，廠商就會增加產量，於是，隨著價格水準的上升，產出便會相應增加。在此情況下，產出水準與價格水準就呈現正相關關係，這種正相關關係就表現為一條向右上方傾斜的斜率為正的斜線，即短期總供給曲線。

但是在長期中，無論是薪資還是其他投入品的價格，都不具有黏性，而是具有完全的伸縮性。因為在長期中，伴隨價格的上升，所有成本要素的價格都是可以調整的，並最終會使成本上升的幅度趕上價格水準上升的幅度，從而恢復到以前的成本價格比率。一旦出現這種情況，廠商就不會因為價格水準的上升盈利。這就意味著價格的上升不能再刺激企業部門增加產量，因而產出水準與價格水準不再相關。於是，長期總供給曲線為一條垂線。

## 16.2

## 勞動者最光榮──勞動變動改變長期總供給曲線

勞動意味著就業，就業創造 GDP，GDP 推動政府的高效運作，也推動經濟水準的突飛猛進，經濟環境改變政治環境和投資環境，也改變社會的教育環境和公共設施環境。這些變化最終將改變整個社會

的大環境。

　　長期勞動供給曲線取決於勞動市場制度和人力資本投資的狀況。隨著社會經濟的發展，社會人力資本投資越來越多。人力資本投資的結果是社會的生產效率越來越高，社會平均薪資越來越高。但是由於人力資本投資和人們受教育年限呈正相關關係，在退休年齡一定的條件下，社會平均的勞動時間會逐漸縮短。

　　由此可以得出，長期中社會勞動供給曲線是負斜率曲線，並且來自美國的統計資料也驗證了這一點。而短期社會勞動供給曲線受到個人收入的大小、財富的多少、家庭規模的大小、通貨膨脹率的高低、預期、人們的偏好、社會的年齡結構、社會保障程度等因素的影響，由於這些因素是不穩定的，所以社會勞動供給曲線也是不斷變化的。

　　就短期來看，由於社會勞動供給曲線是不穩定的，通貨膨脹對就業的效果也是不確定的。也就是說，通貨膨脹既可以促進就業，也可以減少就業。如果勞動供給曲線是正斜率曲線，通貨膨脹就能夠促進就業；如果勞動供給曲線是負斜率曲線，通貨膨脹只能減少就業；如果勞動供給曲線是垂直線，那麼通貨膨脹不能促進就業，如果勞動供給曲線是水平直線，那麼通貨膨脹能夠促進就業。

# 16.3

# 又發現了寶藏──自然資源變動影響長期總供給曲線

　　如今，《石油戰爭》、《能源戰爭》、《糧食戰爭》等關於自然資源在全球範圍內搶奪爭鬥的書籍，充斥著各大書店。那麼，事實又

# 耍廢時看的經濟學

經濟學名詞懶人包

究竟如何呢？

　　海灣戰爭、伊拉克戰爭、俄羅斯與烏克蘭的能源之爭、中國的南海爭端，無一不是與自然資源緊密聯繫在一起，能源作為自然資源中的策略資源，對一個國家的軍事和工業具有非凡的意義。

　　自然資源屬於生產資料，是生產力的前提條件，直接影響產品的生產和產量。人類自進入文明時代，長期以來依賴自然資源的被動性仍然沒有得到多大的改變，這樣的情形將長期存在。儘管人類已經擺脫了完全靠天吃飯的時代，但自然資源依然是人類賴以生存的條件。

　　自哥倫布開闢新航路，歐洲各國大力發展航海，大肆在全球範圍內發展殖民地以完成資本主義的原始積累。他們對殖民地的自然資源進行瘋狂的掠奪，以滿足工業革命帶來的機器大生產對生產資料的不斷膨脹的需求。

　　當時擁有生產原料的這些殖民地並不擁有價格的制定權，他們購買殖民者生產的商品的價格是由殖民者決定的，他們也不能限制其產量。在如今多元化的世界格局中，生產原料擁有國也不見得就能完全掌握價格的決定權。歐美等西方已開發國家長期以來對自己的產品實行高定價、高徵稅的政策，而發展中國家，對自己稀土的出口都要受到西方已開發國家的施壓。

　　長期內，對自然資源的迫切需求將提升原料和產品的國際價格，從而在客觀上抑制貿易國對產品的進口需求，也會對出口的銷量產生影響，而銷量決定產量。如果貿易國可以忽略不斷上漲的國際價格，仍然對需求顯示出強勁的購買態勢，將進一步推高國際價格。如果產量滿足了供求關係，國際價格隨之下降，產量和出口銷量也會隨

之減少。

# 耍廢時看的經濟學
經濟學名詞懶人包

# 第 17 章
# 並非風平浪靜——經濟波動的原因

　　經濟的波動就是經濟週期。經濟週期是指經濟運行中週期性出現的經濟擴張與經濟緊縮交替更迭、循環往復的一種現象，是國民總產出、總收入和總就業的波動。

　　在市場經濟條件下，企業家們越來越多地關心經濟形勢，也就是「經濟大氣候」的變化。一個企業生產經營狀況的好壞，既受其內部條件的影響，又受其外部宏觀經濟環境和市場環境的影響。

## 17.1
## 概念的理解——什麼是經濟波動

　　一個企業，無力決定它的外部環境，但可以透過內部條件的改善，來積極適應外部環境的變化。它們可以充分利用外部環境，並在一定範圍內，改變自己的小環境，以增強自身活力，擴大市場占有率。因此，作為企業家對經濟週期波動必須瞭解、把握，並能制定相應的對策來適應週期的波動，否則企業將會在經濟波動中喪失生機。

　　經濟週期的階段劃分有以下兩種方法。

1. 兩階段法

經濟波動以經濟中的許多成分普遍而同期地擴張和收縮為特徵，

持續時間通常為 2～10 年。在現代整體經濟學中，經濟週期發生在實際 GDP 相對於潛在 GDP 上升（擴張）或下降（收縮或衰退）的時候。每一個經濟週期都可以分為上升和下降兩個階段。

上升階段也稱為繁榮，最高點稱為頂峰。頂峰也是經濟由盛轉衰的轉折點，此後經濟就進入下降階段，即衰退。衰退嚴重則經濟進入蕭條期，衰退的最低點稱為谷底。當然，谷底也是經濟由衰轉盛的一個轉折點，此後經濟進入上升階段。經濟從一個頂峰到另一個頂峰，或者從一個谷底到另一個谷底，就是一個完整的經濟週期。

經濟週期波動的繁榮階段，是宏觀經濟環境和市場環境日益活躍的時候。這時，市場需求旺盛，訂貨飽滿，商品暢銷，生產趨升，資金周轉靈活。企業的供、產、銷和人、財、物都比較好安排，企業處於較為寬鬆有利的外部環境中。

經濟週期波動的衰退階段，是宏觀經濟環境和市場環境日趨緊縮的季節。這時，市場需求疲軟，訂貨不足，商品滯銷，生產下降，資金周轉不暢。企業在供、產、銷和人、財、物方面都會遇到很多困難。企業處於較惡劣的外部環境中。經濟的衰退既有破壞作用，又有「自動調節」作用。在經濟衰退中，一些企業破產，退出商界；一些企業虧損，陷入困境，尋求新的出路；一些企業頂住惡劣的氣候，在逆境中站穩了腳跟，並求得新的生存和發展。這就是市場經濟下「優勝劣汰」的企業生存法則。

2. 四階段法

經濟週期可分為 4 個階段：繁榮、衰退、蕭條、復甦，如下圖所示。

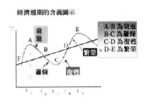

經濟週期的含意圖

　　經濟週期的特點是國民總產出、總收入、總就業量的波動，它以大多數經濟部門的擴張與收縮為標誌。

　　經濟衰退的普遍特徵是消費者需求、投資急遽下降，對勞動的需求、產出下降，企業利潤急遽下滑，股票價格和利率一般也會下降。

　　衰退是指實際 GDP 至少連續兩個季度下降，蕭條是指規模廣且持續時間長的衰退。

# 17.2

# 戰爭使我們勒緊褲腰帶——總需求變動

　　「911」事件是恐怖組織對美國本土發動的一次重大恐怖襲擊，是人類歷史上一次人為的重大空難與重大撞擊災難，在經濟上產生了重大而實時的影響。大量設在世界貿易中心的大型投資公司喪失了大量的財產、員工與數據。全球許多股票市場受到影響，一些交易所如倫敦證券交易所還不得不進行緊急疏散。紐約證券交易所直到「911」事件後的第一個星期一才重新開市。道瓊斯工業平均指數開盤第一天下跌 14.26%。其中跌幅最嚴重的是旅遊、保險與航空股。美國的汽油價

# 耍廢時看的經濟學

經濟學名詞懶人包

格也大幅下跌。當時美國經濟已經放緩，「911」事件則加深了全球經濟的蕭條。

美國時間 2001 年 9 月 11 日上午，美國航空公司和美國聯合航空公司各兩架，共 4 架民航客機遭劫持，僅美國航空的兩架飛機就有乘客和機組人員 156 人。8 時 48 分，其中一架波音 767 客機在超低空飛行後一頭撞向世貿中心南側大樓，把大樓撞了一個大洞，在距離地面大約 20 層樓高的地方冒出滾滾濃煙。就在樓內的人驚慌失措之際，18 分鐘後，另外一架被劫持的波音 757 客機以極快的速度撞穿了世貿中心姊妹樓的北側大樓，並引起了巨大爆炸。隨著幾聲相繼的爆炸聲，這座輝煌一時的雙子樓雙雙轟然倒塌，並殃及了周圍的一些重要建築。

與此同時，第三架飛機撞向美國軍事機關的最高象徵——五角大樓，第四架飛機在撞向國會大廈的途中墜毀。恐怖分子的這一行徑致使美國經濟遭受重創，人們關心的是該事件對美國以後經濟走向的影響。

事件產生的影響直接展現在市場上總需求的變動。「911」事件發生後，美國經濟一度處於癱瘓狀態，對一些產業造成了直接經濟損失和影響。地處紐約曼哈頓島的世界貿易中心是 1970 年代初建起來的摩天大樓，造價高達 11 億美元，是世界商業力量的聚集之地，來自世界各地的企業共計 1200 家之多，平時有 5 萬人上班，每天來往辦事的業務人員和遊客約有 15 萬人。

兩座大樓一下子化為烏有，人財損失難以用數字估量。五角大樓的修復工作至少需要幾億美元以上，而且對交通運輸和旅遊業造成嚴重損失。美國國內航班一天被劫持了 4 架，並造成巨大的人員傷亡和

財產損失，實屬歷史罕見。

　　「911」事件對經濟的長期與短期影響，經濟學家見仁見智，分歧相當大。摩根士丹利全球首席經濟學家史蒂芬‧羅奇認為也許經濟的衰退持續時間會很長，程度也會很深，甚至會引起全球經濟衰退。但美國的華人經濟學家張欣教授認為，這件事也許會拉動美國經濟，使美國因禍得福。

　　經濟學家認為，由於美國市場經濟完善、經濟基礎好，又有在科技創新上的領先地位，長期中這一破壞事件不會對美國經濟有太大影響，更談不上摧毀美國經濟。在短期內，可能造成 2～3 年的經濟衰退。還有人認為，這件事會有「破窗經濟」的作用，即由於政府支出增加從而拉動經濟，使衰退結束。

　　伊拉克是僅次於沙特阿拉伯的世界第二石油儲存大國，在 1940～60 年代也是非常富有的石油國之一。但是經過兩伊戰爭、海灣戰爭等浩劫已經變得異常貧困，等到薩達姆政權被美國摧毀時，早已是貧弱不堪了。人民的購買力、消費水準、貨幣儲存都隨著戰爭的炮火灰飛煙滅了。戰爭使得生產和消費受到重創，從而嚴重影響了國民經濟的積累和發展，使得社會總需求發生萎縮，人們不得不勒緊褲腰帶生活。

# 17.3
# 悲觀情緒何時停止——總需求引起產量波動

　　一位有著傾國傾城之貌的美麗少女，嫁給了一個年紀大得堪比她父親的富商。這個富商平時只知道賺錢存錢，像個守財奴一般，但是

# 耍廢時看的經濟學
## 經濟學名詞懶人包

他從不吝嗇在這位年輕貌美的妻子身上花錢。

朋友們看到美麗光鮮的她很是羨慕，同時也為她這樣做感到很不值。於是，問她說：「你如此年輕漂亮，跟著這樣一個又老又乾的老頭，不感到厭惡嗎？」

她回答說：「我愛的是他的錢，又不是他的人。如果他把這麼多的錢存起來不用於再生產，豈不是就成了不動產，而無法流通嗎？如果我用這些錢買我喜歡的任何東西，就可以讓這些錢在商品交換中很好地流通，從而促進國際經濟的發展啊！我這麼做是為國家作貢獻，我為自己驕傲還來不及呢。」

從此以後，她將每天 1/4 的時間都用在購物上，大量化妝品、衣服、首飾塞滿了屋子，在飲食上她也相當奢侈，幾乎頓頓都是山珍海味。也許對於這種為錢而婚，追求這種窮奢極欲的生活，很多人都對之嗤之以鼻。但是它卻在客觀上反映了經濟學的一些相關理論。

這樣的思維，和經濟學家凱因斯建立的現代整體經濟學和總需求決定理論很像。凱因斯認為，在短期中決定經濟狀況的是總需求而不是總供給。這就是說，由勞動、資本和技術所決定的總供給在短期中是既定的，這樣，決定經濟狀況的就是總需求。總需求決定了短期國民收入的水準，總需求增加，國民收入增加，總需求減少，國民收入減少。引起 1930 年代經濟危機的正是總需求不足，或者說是有效需求不足。

凱因斯把有效需求不足歸咎於邊際消費傾向於下降引起的消費需求不足和資本邊際效率下降與利率下降有限引起的投資需求不足。通俗地講，就是人們把一些可流動的資本存入銀行，而不投入到商品交

換和流通中。比如一間餐廳本月需要 2 桶沙拉油，但節省點用，1 桶半也可以維持。但是老闆只買了 1 桶油，這樣食堂就可以每年存更多的錢。似乎這種做法更商業化，更有利於資本的積累。然而，如果長期這樣下去，一間餐廳的做法就會使產油廠的 12 桶油積壓。如果有 10 家或者更多的食堂如此「節省」，勢必給產油廠造成危機。

　　解決這一問題的方法則是政府用經濟政策刺激總需求，包括增加政府支出的財政政策和降低利率的貨幣政策，凱因斯強調的是財政政策。

　　在凱因斯經濟學理論中，總需求分析是中心。總需求包括消費、投資、政府購買和淨出口。短期中，國民收入水準由總需求決定。通貨膨脹、失業、經濟週期都是總需求變動引起的：當總需求不足時就出現失業和衰退；當總需求過大時就出現通貨膨脹和擴張。

　　從這種理論中得出的政策主張稱為需求管理，其政策工具是財政政策和貨幣政策。當總需求不足時，採用擴張性財政政策（增加政府支出和減稅）與貨幣政策（增加貨幣供給量，降低利率）來刺激總需求。當總需求過大時，採用緊縮性財政政策（減少政府各種支出和增稅）與貨幣政策（減少貨幣量，提高利率）來抑制總需求。這樣就可以實現既無通貨膨脹又無失業的經濟穩定。

　　從凱因斯的理論以及少數的言論中，我們不難看出，消費是總需求的一個重要組成部分，消費減少就是總需求減少，總需求減少使國民收入減少，經濟衰退。由此看出，對個人是美德的節儉，對社會卻不一定是好事。

# 耍廢時看的經濟學

經濟學名詞懶人包

# 第 3 篇　人人都離不開經濟學

　　經濟學其實並不是只有枯燥的理論，每個人在每天的生活中都會遇到各種經濟學的問題，只是大部分人都意識不到這一點。經濟學滲透在我們生活的方方面面，大到環境汙染，小到市場買菜，都包含有經濟學知識。掌握一些生活中的經濟學，並向經濟學家們多多學習吧，你會有所收獲的。

# 耍廢時看的經濟學

經濟學名詞懶人包

# 第 18 章
# 無處不在的算計
# ──經濟學中的賽局理論

田忌賽馬是大家熟知的故事，齊王和田忌的馬匹在能力上勢均力敵的情況下，孫臏使用調換競賽對象次序的策略，贏了齊王。這是最樸素的賽局理論思想，有點像圍棋、象棋等策略性遊戲，往往一個很容易被忽視的卒子，只要過了楚河漢界，也能變成威力巨大的車，由弱變強，由強轉弱，這都是賽局。在第 13 章中我們曾提到過賽局理論，下面將系統性的介紹給大家。

## 18.1

### 揭開賽局理論的神祕面紗──什麼是賽局理論

2000 多年前中國著名軍事家孫武的後代孫臏利用賽局理論方法幫助田忌賽馬取勝，這屬於賽局理論的萌芽。無獨有偶，在國外也有這樣一個關於賽局理論的故事。

有一個富翁，某天突然在家裡被殺，家中的財物也被洗劫一空。警方在此案的偵破過程中找到兩個嫌疑人 A 和 B。但是他們兩人都矢口否認曾殺過人，辯稱只是在富翁被殺後順手牽羊了而已。

# 耍廢時看的經濟學
經濟學名詞懶人包

於是 A 和 B 被分開關押，以免串供。地區檢察官對兩人分別展開問話。檢察官說，「由於你們盜竊罪已有確鑿的證據，所以可以判你們 1 年有期徒刑。但是，我可以給你們提供一個寬大的政策。如果你單獨承認殺人的罪行，可以只判你 3 個月的監禁，而你的同伙則要被監禁 10 年。如果你拒不交代，而被同伙檢舉，那麼你將面臨 10 年監禁，而他只需要 3 個月的監禁。如果你們兩人都坦白交代，將分別被判處 5 年監禁的刑罰。」

A 和 B 如何抉擇呢？他們必須從坦白或抵賴中選擇其一。顯然最好的方法是兩人都頑抗抵賴，結果是兩人都被判 1 年刑期。由於兩人無法串供，因此每一個人都是從利己的目的出發，選擇坦白交代是最好的策略。因為坦白有可能只需要 3 個月的監禁就可以，最差也只有 5 年的刑期。如果自己抵賴，那麼自己很可能將面臨 10 年的刑期。所以兩人最後的策略是坦白，原本 A、B 雙方都有利的策略（抵賴）和結局（1 年監禁）就不會出現了。

這個故事引出了賽局理論中的一個重要命題：囚徒困境。那麼，究竟什麼是賽局理論呢？

賽局理論又被叫作博弈理論，是指某個個人或組織，面對一定的環境條件，在一定的規則約束下，依靠所掌握的資訊，從各自選擇的行為或是策略進行選擇並加以實施，並各自取得相應結果或收益的過程。在經濟學上賽局理論是個非常重要的理論概念。

古語有云，世事如棋。生活中每個人如同棋手，每一個行為如同在一張看不見的棋盤上布一個棋子，精明慎重的棋手們相互揣摩、相互牽制，人人爭贏，下出諸多精彩紛呈、變化多端的棋局。

賽局理論是研究棋手們「出棋」招數中理性化、邏輯化的部分，

並將其系統化為一門科學。換句話說，就是研究個體如何在錯綜複雜的相互影響中得出最合理的策略的學問。事實上，賽局理論正是衍生於古老的遊戲或賽局如象棋、撲克等。數學家們將具體的問題抽象化，並建立完備的邏輯框架、體系研究其規律及變化。這可不是件容易的事情，以最簡單的二人對弈為例，稍想一下便知此中大有玄妙：假設雙方都精確地記得自己和對手的每一步棋且都是最「理性」的棋手，甲出子的時候，為了贏棋，得仔細考慮乙的想法，而乙也得考慮甲的想法，所以甲還得想到乙在想他的想法，就這樣循環著思考下去……

　　面對如許重重迷霧，賽局理論怎樣著手分析解決問題，怎樣對作為現實歸納的抽象數學問題求出最優解，從而為在理論上指導實踐提供可能性呢？現代賽局理論是由匈牙利大數學家馮‧諾伊曼於 1920 年代開始創立，1944 年他與經濟學家奧斯卡‧摩根斯特恩合作出版的巨著《賽局理論與經濟行為》，標誌著現代系統賽局理論的初步形成。

　　對於非合作、純競爭型賽局，諾伊曼所解決的只是二人零和賽局。好比兩個人下棋或是打乒乓球，一個人贏則另一個人必輸，淨獲利為零。在這裡抽象化後的賽局問題是，已知參與者集合（兩方）、策略集合（所有棋著）和盈利集合（贏子輸子），能否且如何找到一個理論上的「解」或「平衡」，也就是對參與雙方來說都最「合理」、最優的具體策略？怎樣才是「合理」？應用傳統決定論中的「最小最大」準則，即賽局的每一方都假設對方的所有攻略的根本目的是使自己最大限度地失利，並據此最優化自己的對策。

　　諾伊曼從數學上證明，透過一定的線性運算，對於每一個二人零和賽局，都能夠找到一個「最小最大解」。透過一定的線性運算，競

爭雙方以機率分布的形式隨機使用某套最優策略中的各個步驟，就可以最終達到彼此盈利最大且相當。當然，其隱含的意義在於，這套最優策略並不依賴於對手在賽局中的操作。用通俗的話說，這個著名的最小最大定理所展現的基本「理性」思想是「抱最好的希望，做最壞的打算」。

## 18.2
## 為什麼要打折？──價格戰賽局

假設有 n 個局中人參與賽局，在給定其他人策略的條件下，每個局中人選擇自己的最優策略（個人最優策略可能依賴於也可能不依賴於他人的策略），從而使自己利益最大化。所有局中人策略構成一個策略組合。納什均衡是指由所有參與人的最優策略組成的策略組合，即在給定別人策略的情況下，沒有人有足夠理由打破這種均衡。納什均衡，從實質上說，是一種非合作賽局狀態。

有兩家電器行，所售的商品大同小異，兩家又都是在街道的正對面，為了贏得不斷過往的行人進來駐足，兩家店的老闆可謂絞盡了腦汁。A 店今天打出鮮豔的「降價酬賓」的橫幅，店門前花籃中的鮮花怒放，4 位亭亭玉立的美女迎賓用甜美的微笑吸引過往的行人，店裡還播放著優美的音樂，令人嚮往。

B 店當然毫不示弱，不但打出與 A 店一樣的強大陣容，還在店門前擺開舞台，邀請各路笑星前來表演節目，使得場面更加火爆。A 店見此，也請來大腕主持，現場做節目贈送禮品，也收到了非常好的效果。

為了贏得更多的大客戶，B 店組建了強大的銷售隊伍，不但在店面直銷，還主動出去開拓市場，尋求需要電器的企業和單位。A 店的生意大受影響，於是建立起情報部門，不但每天搜集電器行業發展以及業務資訊，還派出經濟間諜到 B 店去打工，以此了解 B 店的銷售動向和內幕，從而掌握銷售的主動權。

到最後，行業協會出面，制止了雙方惡意競爭的行為，勒令其經營不相衝突的電器，A 店有的 B 店就不能有，並不得以價格戰擾亂市場，否則將引進新的店面以壓制其市場比例，或者將兩家店的其中一家關閉。

其實無論商家如何競爭，偷著樂的都是消費者。在這裡，商家價格大戰的結局最終是一個「納什均衡」，就是說商家競爭的結果是最終誰都不會贏，因為價格戰的最終結果就是大家都犧牲掉了利潤，誰都沒錢賺，利潤正好是零。因此這對商家來說是災難性的，而對消費者來說無疑是有利的。

所以，價格戰對商家來說不啻於自殺。從這裡我們可以引申出兩個問題：一是競爭削價的結果可能導致一個有效率的零利潤結局；二是如果不採取價格戰，作為一種敵對賽局理論其結果會如何呢？

每一個企業都會考慮採取正常的價格策略，並盡全力獲取利潤。如果壟斷可以形成，則賽局雙方的共同利潤最大。這種情況就是壟斷經營所做的，通常會抬高價格。另一種情況就是商家使用正常的價格，雙方都可以獲利。

從這一點，我們又可以引出一條基本準則：「把你的策略建立在假定對手會按其最佳利益行動的基礎上。」事實上，完全競爭的均衡

就是「納什均衡」或「非合作賽局均衡」。在這種狀態下，每一個商家或消費者都是按照別人已定的價格來進行決策。在這種均衡當中，每一個企業要使利潤最大化，消費者要使效用最大化，結果導致了零利潤，也就是說價格等於邊際成本。

在完全競爭的情況下，非合作行為導致了社會所期望的經濟效率狀態。如果商家採取合作行動並決定轉向壟斷價格，那麼社會的經濟效益就會受到破壞。這就是 WTO 和各國政要加強反壟斷的意義所在。

**18.3**

# 改善環境的途徑——汙染賽局

2012 年 6 月，一項在美國的調查顯示，42% 的美國人認為中國才是當今世界的經濟領袖。隨著中國經濟突飛猛進地發展，環境問題已經重要到促使國家將環保總局升格為環保部，在經濟發展上也將可持續發展策略作為國家經濟發展的重要國策之一。

2011 年的康菲石油汙染事件嚴重影響了渤海灣數萬漁民的正常生活，這不是賠十幾億元新臺幣就能補救的事情。因為要恢復未汙染前的生態環境，要經歷極其漫長的歲月，而靠海吃飯的渤海人，為了現時的生計都要傷心落淚了。

> 漁民曲民奎本來沒把 2011 年 6 月 4 日的溢油事件當回事。直到 7 月 10 日，他滿懷希望地從海裡提起 2011 年的第一個籠子時，出現了讓他感到茫然無助的情況，水裡的扇貝苗不僅基本沒有長大，很多還都張開了口。現在大部分石油已飄散和沉入海底，海面

上看不到油，但撿起一塊沙塊，曲民奎用剪刀剪開，裡面是黝黑的油色，扔進火爐後，立刻會冒出一陣火苗。

他這才意識到此次汙染的巨大破壞性，事故方早期對於溢油時間和溢油量都進行了隱瞞，農民們自然尚未意識到問題的嚴重性。更重要的是，海面上的西風尚未把主要汙染油面吹到自家門口。

按照煙台牟平近 10 年來普遍的養殖習慣，2000 萬粒扇貝苗在春夏之交的 5 月 24 日全部入海，每粒花了曲民奎 7 厘錢，挨挨擠擠地塞滿 1.7 萬個籠子，用繩索串好掛在海面以下約半米深的海水裡。

曲民奎 2011 年 14 萬～ 15 萬元的扇貝苗購買成本投入，在渤海灣沿線養殖戶裡中只能算是小規模的。按照 2010 年的價格算，因為增加了扇貝苗，曲民奎 2011 年預計的淨利潤在 80 萬元左右，而 2011 年減產 90%，現在他的總收入只有 7 ～ 8 萬元，一年就這樣過去了。

溢油事件對農戶的扇貝養殖帶來了損失。年收入 20 萬～ 50 萬元的中小養殖戶，大多每天開車奔波於自家和海邊養殖場之間。無論哪個村莊，養殖戶都是最富的階層。雖然蘋果、葡萄種植也是煙台的傳統農業項目，但這些年收入穩定走高的還是扇貝養殖。小戶的選擇機動靈活，某年扇貝價格上漲，則第二年就多聚集了一些人來干，下跌則放棄不干了。曲民奎算是近十來年斷斷續續做得比較好的。

從 1990 年代末至今，扇貝養殖一直是環渤海一帶的致富首選。一到 10 月份，曲民奎家就要請至少 40 個以上的婦女來剝貝柱，2010 年價格每斤 24 元左右，此前的年份除非產量大幅度增減，價格基本可以

# 耍廢時看的經濟學

經濟學名詞懶人包

維持在這個水準。2011 年因為大幅減產，價格成長了一點，但是農民們卻失去了 90% 的收成。

在山東淄博的北部，有個小鎮，在長達 20 年的歲月裡，猶如一朵盛開在汙泥裡的安靜的白蓮花。但是突然有一天，兩次驚天動地的響聲，打破了這個封閉土地上的寧靜。

第一次，是在改革開放以後的 1990 年代初，當時的小鎮，還很少有什麼可以創富的手段，3 個村莊的村民們也彼此安心過著日子。突然有一天，村裡傳來一個驚人的消息：發現鐵礦了！於是 3 個村子的人揮舞鐵鍬，迅速跟進，從此一片金屬撞擊聲與滾滾煙塵就充斥了整個小鎮，也迅速湧現出了一批資產過億的富豪和幾家大型企業。

一轉眼十幾年過去了，2006 年 11 月 6 日這天，村民們大多都在吃飯，只聽「轟」的一聲巨響，門窗開始劇烈顫抖，整個村莊都在震動中搖晃，村裡出現了一個巨大的深坑，村民們驚恐無比，奔走相告：「村裡下沉了！」恐懼像黑暗一樣籠罩了整個村莊。自然之手終於在十數年後懲罰了這些貪婪無知的人們，不斷瘋狂的地下挖掘，使得整個村莊的土地被掏空了，而村民們賴以生存的村莊，變成了空中樓閣，焉有不下沉的道理！

俗話說得好，靠山吃山，靠水吃水，是慷慨的大自然一直在供養著人類。但人類對資源的追求似乎永遠無止無休。保護環境、節能減排、和諧發展、溫室效應、沙塵暴、厄爾尼諾現象等這些互相牽扯的概念在近幾年無疑很火，人類的生存離不開環境，但環境的極度惡化無疑最終會斷送人類的家園，使人類失去生存的基礎。如何在降低對自然環境的破壞當中求得生存與發展，使人類的活動與自然的繁衍能

夠同步發展，是擺在當今各國的政府面前的重大課題。

# 18.4
# 傾銷與反傾銷背後的祕密——貿易戰賽局

2012 年 3 月 19 日，美國商務部對中國太陽能電池實行反補貼調查仲裁，美國國際貿易委員會決定對中國熒光增白劑徵收 63.98% ～ 109.95% 的反傾銷關稅。3 月 21 日，中國輸美不銹鋼拉制水槽產品遭反傾銷反補貼立案調查。僅僅 3 月 13 ～ 30 日的一周時間裡，美國對中國產品就發起了多達 6 次貿易調查。

為什麼會出現反傾銷呢？這個問題對加入 WTO 的中國尤為重要，歸根結底，還是利益在作怪，是保護單方面利益的大棒在作怪。任何一個國家在國際貿易中都面臨著保持貿易自由與實行貿易保護的兩難選擇。貿易自由與貿易壁壘問題，也是一個「納什均衡」。這個均衡是貿易雙方採取不合作賽局的策略，結果使雙方因貿易戰受到損害。A 國試圖對 B 國進行進口貿易限制，如提高關稅，則 B 國也會斷然採取反擊，也提高關稅，就俄國誰也沒撈著好處。反之，如果 A 和 B 能達成合作性均衡，即從互惠互利的原則出發，雙方都減少關稅限制，結果大家都從貿易自由中獲取了最大利益，而且全球的貿易總收益也增加了。

但問題是，這種理想在現實中未必能行得通。

2012 年 2 月，美國在 WTO 贏得了對 9 種中國工業原料產品的限制出口。時隔不到 1 個月，3 月 13 日，中國就收到了來自美國、

　　歐盟、日本在 WTO 爭端機制下提出的有關稀土、鎢、鉬出口管理措施的磋商要求。

　　　這使得中國長達一年的透過協商解決稀土問題的希望澈底落空。目前，國際市場上 90% 的稀土來自中國。出於對環境和資源保護、可持續發展策略的考慮，中國提出限制稀土出口。但歐、美、日為了與中國爭奪高新技術產業發展主導權，希望從中國繼續獲得廉價初級原料。

　　除了這些針對具體產品的制裁，迫使新臺幣升值也是美國政客非常愛玩的終極武器，這個武器不但可以迫使中國的企業出口利潤銳減，迫使中國的弱小企業破產倒閉，還能有效遏制中國的整個國民經濟，也能成為美國政客政治賽局的一大籌碼。

# 第 19 章
# 感情也需要權衡——愛情經濟學

　　看似很感性的愛情問題，竟然也可以拿理性的經濟學理論來分析和解釋（經濟學上稱為實證問題，即解釋和預測問題），甚至尋求解決之道（經濟學上稱為規範問題，即該如何的問題）。這是不是有點滑稽和殘酷？但實際上，我們很多時候都不自覺地都在運用經濟學來權衡自己的愛情。

## 19.1
## 用經濟學的手術刀剖析愛情——愛情的個體與總體

　　同經濟學一樣，愛情經濟學也分為總體和個體。個體研究的是個人的愛情行為，以及個人進行愛情活動所可能產生的一切形式和結果，如婚姻、家庭、子女，甚至婚外戀等。總體則是對總量的研究，如社會上總的愛情趨勢，具有共性的婚姻、家庭問題等，如裸婚、隱婚、官二代與白富美的結合等。

　　很多女孩子認為男孩子不夠浪漫，套用個體經濟學來分析，這類似於民眾討論是喜歡汽車的性能多一點還是外觀多一點。這樣你就會發現，男孩子比女孩子要現實，他們更願意做一些實用性的事情。比如女孩子可能希望男孩子能給自己帶來一個驚喜，來一個燭光晚餐或者贈送一束鮮豔的玫瑰花；而男孩子呢，可能更考慮的

# 耍廢時看的經濟學
## 經濟學名詞懶人包

是物質方面。這樣的分析就是實證，如果想改變男孩子與女孩子之間的這個矛盾，就屬於規範問題了。

在古代，不論是東方還是西方，都講求門當戶對，這在經濟學上是一個比較好的處理方案，能使社會的財富和權力達到均衡，也能滿足雙方家長與男女之間心理上的均衡感受。很顯然，這並不是一個完美的方式，但時至今日，許多人的擇偶觀念裡還是要求對方有房有車，或者貌美如花、知書達理，這的確類似於等價交換。

它帶給我們一種均衡的結構，儘管這種結構不利於社會變革和財富在更大層面上的流通，但在社會穩定的局面下，還是非常有號召力的。你能說一個億萬富豪在媒體上砸出重金尋求無性經歷的女子就是為了炫富和炒作，或者是為了求得真愛？或者是為了滿足自己的寂寞？這不是交換是什麼？平頭百姓，結婚離婚很平常，但是富豪或者社會名流的結合與離婚，卻往往牽動著整個社會的目光，因為，那可是數百萬上千萬或上億的資本在組合和分割啊。

當你大學一畢業，就面臨著四處奔波找工作，一天又一天的時間耗在路上，一次又一次的信心挫傷，好不容易工作了，領薪水了，卻發現根本就不夠用，存不下錢來奉養父母，存不下錢談戀愛，存不下錢買房，存不下錢自己去闖。

這種社會形態導致了大批相愛的年輕人倡導裸婚。權力階層裸官，我們就裸婚，而擁有大量社會財富、露臉就賺錢的明星們，為了前途著想，不得不隱婚，結了婚也摀得嚴嚴實實，生怕粉絲們傷心而失去追捧。

女人和男人其實一樣的現實，他們都在運用經濟學權衡自己的愛情。女人在社會財富不均衡的現實情況下，一部分採取追求官二代、

富二代，一部分則迫於自身臉蛋的光鮮度或者殘存的理想主義，採取「不要在寶馬裡哭，寧願自行車後座上笑」的輕鬆與浪漫。

　　無論採取上述兩種方式中哪一種的愛情，都不可能就是完美的選擇，從賽局理論的角度來看，選擇追求權力與財富階層的人未必就很划算，她（他）付出的代價和風險可能更高，而選擇輕鬆與浪漫的人，也未必就能活得很瀟灑自如，畢竟「貧賤夫妻百事哀」的現實也存在，又有多少你眼中的「潛力股」就一定能蛻變為「藍籌股」呢？甚至，還有許多人選擇了觀望，他們在等待，在觀望，是介入還是繼續觀望，他們在權衡一個最佳的切入點……

# 19.2
## 愛情的替代效應和收入效應

　　與其他物質享受相比，愛情的培養是一種時間相對密集的活動，其生產成本，主要是消耗時間的成本。時間價值相對提高，比如說薪水提高，一方面意味著人民收入上升，變得更加富有了，另一方面意味著愛情的主要生產要素相對昂貴。根據經濟學原理，這必定導致人們調整其愛情行為，由此至少產生兩個效應，即替代效應和收入效應。

　　經濟學中的收入效應和替代效應是指一種商品價格的變化會引起人們對該商品的需求量的變化，這種變化可以被分解為收入效應和替代效應兩個部分，即總效應＝替代效應＋收入效應。

　　收入效應是指由商品的價格變動所引起的實際收入水準變動，進而由實際收入水準變動所引起的商品需求量的變動。它表示消費者的

# 耍廢時看的經濟學
經濟學名詞懶人包

效用水準發生變化。具體來說，當你在購買一種商品時，如果該商品的價格下降了，對你來說，你的名義貨幣收入是固定不變的，但是價格下降以後，你的實際購買力增強了。這種實際貨幣收入的提高，會改變消費者對商品的購買量，從而達到更高的效用水準，這就是收入效應。

由於一種商品價格變動而引起的商品的相對價格發生變動，從而導致消費者在保持效用不變的條件下，對商品需求量的改變，稱為價格變動的替代效應。

下面我們分析一下愛情在這兩種效應中的具體表現。首先是收入效應，需要明確的是，愛情是經濟學中的上等品，或者說不算劣等品。在其他條件不變的情況下，如果收入增加，人們對愛情的需求也增加。

其次是替代效應，此時，時間的價值增加了，也就提高了愛情的機會成本。在其他條件不變的情況下，這將導致人們對愛情需求的減少。

人性是自私的，市場經濟無法改變人的心理，但因為有一隻「看不見的手」在背後，就把利己導向有利於周圍的人和物。也就是說，即便癡男怨女們只關心自己的個人幸福，但當他們透過愛情市場的運轉，得到了盡可能多的美滿結果時，他們眼中的每一朵花都是微笑的，每一片樹葉都是含情的，他們就會變得更有愛心，而這種正能量就會感染到周圍很多的人。

人們從事經濟活動的目的是實現個人利益的最大化，一個女人選擇一個適合自己的男人，一個男人選擇一個適合自己的女人，就不枉此生了。一切都很符合愛情的「理性」原則，這種利己主義就被引導

218

成了利他主義了。

　　這個世界上不是缺少發現好男人的眼睛，而是好男人實實在在的稀缺。英國的威廉王子是稀缺的，比爾蓋茲是稀缺的，姚明也是稀缺的，稀缺不一定代表得不到，只是意味著不付出代價就得不到。一個億萬富翁的父親，可以有能力為自己的女兒找來全天下許許多多優秀的男士，但他的女兒卻沒有時間一一約會見面，這個時候，她稀缺的不是機會，而是時間。

　　所以研究愛情經濟學的第一步，就是務必要弄明白，他（她）為什麼稀缺，你又稀缺的是什麼？

　　　　有位秀才趕路回家，突然天降大雨，於是他躲到屋簷下避雨。這時，他看見觀音菩薩打著雨傘走了過來。於是他對觀音高聲呼救：「菩薩，度我一度。」觀音說：「你在屋簷下，我在雨中，誰度誰呀！」於是秀才走進雨中，他又對觀音：「現在我也在雨中，請你度我。」觀音說：「你在雨中，我也在雨中，誰度誰呀！」

　　　　於是他很鬱悶地回到家中，某天，他又遇到難題，百思不得其解，於是到觀音廟裡求菩薩開解。他正要進大殿磕頭的時候，卻突然發現有個女人也在拜菩薩，而這個女人就是觀音本人。秀才感到很奇怪，於是問道：「您是菩薩，怎麼能拜自己呢？」觀音說：「你們人有了難題來求我，我有難題去求誰呢？去求如來佛祖嗎？想來想去，求人不如求己，我還是求自己吧。」

　　求人不如求己，放到愛情經濟學裡，就是要想獲得理想的愛情對象，必須對自己進行「投資」，使自己具備獲得理想資源的前提條件。愛情經濟學提倡對自我進行投資，提高自我形象及內涵，因為形象和內涵都能提升商品價值。

**19.3**

# 攻防殺伐斬獲愛情——愛情中的效率與賽局

　　跟一切經濟活動一樣，愛情也講求效率和資源的優化配置。拉鋸戰往往會讓人產生審美疲勞、神祕感消失、身心俱疲，賠了夫人又折兵，得不償失。有效率的愛情，不耽擱別人的生活，也不耽擱自己的時間和生活。一個熟練的愛情殺手往往比較有效率，一個具備諸多前提條件的閃耀光環者也往往比較有效率。

　　在愛情的初始階段，尤其對相親的兩個人來說，第一次見面，第一次談話，第一次握手，第一次接吻，往往能給對方留下很深的印象，哪怕對方認為你如此的優秀與成熟是在掩飾，但你肯定已經贏得了下一次跟他（她）見面的機會，連「第二次握手」的機會都沒有，何談效率？

　　效率意味著不浪費，不浪費自己和對方的時間、金錢和情感。愛情經濟學從根本層面來看待效率問題。世界是動態的，我們說一個人有能力，其實就是說這個人能匯集資源、調用資源，而這種能力是以效率為前提的。效率的內核就是智慧，效率越低，資源流動的速度就越低，個人魅力也會逐漸喪失。

　　熟練可以提高效率，認真也可以提高效率。當愛情降臨的時候，你要用理性而不是感性來配置各種稀缺資源，資源配置不合理，就會出現負效率，資源配置最優化，將出現效率最大化，這才是愛情所期待的。

　　在愛情中，男女雙方應該成為對方的互補品，一種物品價格上升

第 19 章　感情也需要權衡——愛情經濟學

導致另一種物品價格減少的兩種物品在經濟學上被稱作互補品。互補品在消費者眼中是「搭配」的兩種商品，比如左腳與右腳的鞋子。相互競爭的物品則屬於替代品，比如機械表與石英錶。

愛情的結果無非是兩種：一種是在一起，結婚或者不結婚；另一種是分手，澈底反目或者一方仍單戀，再或者成為普通朋友。在愛情遊戲中，戀人最得意的是另覓新歡，最天真的是天荒地老，最理性的是分道揚鑣，最糟糕的是對方已經一腳踢了你，你還癡心不改。問題是，最得意的結局過於缺德，最天真的結局過於虛幻，最理性的選擇過於殘酷，而最糟糕的結局又太令人傷心。

因此，獲得幸福愛情的賽局原則是：第一，善意而不是惡意地對待戀人；第二，寬容而不是尖刻地對待戀人；第三，強硬而不是軟弱地對待戀人；第四，簡單明了而不是云山霧罩地對待戀人。

幸福的戀人生活愉快，關鍵在於能彼此寬容，包容對方的缺點。尖刻對待戀人的，往往會以悲劇收場。在對愛人不斷善意的「我永遠愛你」的提醒下，對於外來的覬覦的肉食者，要堅決予以反擊，甚至以牙還牙、以眼還眼，保衛自己的領地。愛情是自私的，絕不允許他人的干擾和染指，也要讓自己的戀人明白你對他（她）的立場和獨有的愛意，當然，發完脾氣以後，也一定要記得寬容對方。

戀人間親密無間，無話不談，當然，個別隱私除外，你得掌握好分寸，該對對方坦誠的一定要坦誠，最好是心意相通，彼此欣賞，彼此理解。過分複雜地對待感情，會讓對方無所適從，難以建立起長期穩定的關係。

# 耍廢時看的經濟學

經濟學名詞懶人包

# 第 20 章
# 生活中的經濟帳
# —— 像經濟學家一樣思考

　　學習各種經濟學理論並不是為了茶余飯後有更多的談資，而是要將其運用到生活中去。也就是說，經濟學知識的學習其實是在轉變你的思維方式，讓你的思維方式變得和經濟學家一樣，用經濟學的思維去看待生活中的各種問題。如果你學會了這種以經濟學家的角度思考問題的本領，很多問題自然就會迎刃而解了。

## 20.1
## 面對突如其來的災難的思考
## —— 金融危機為我們帶來了什麼

　　21 世紀初的全球金融危機狂暴地席卷了美國華爾街，倫敦股市，日本五大國際銀行，危及中國 4600 億美元的海外資產，令原油價格暴跌後又沖高，黃金價格水漲船高，房價一路狂跌，美元兌換新臺幣匯率也創歷史新低！而風暴的風眼就在聞名於世的華爾街！

　　一提到華爾街，相信很多人的眼前頓時金幣美元猶如天女散花，彷彿看到一條由無數金燦燦的金條搭成的金橋，從自己的心裡一直鋪

# 耍廢時看的經濟學
經濟學名詞懶人包

到了北美洲美利堅合眾國的紐約。

華爾街是全球財富的集聚地，是美國國家金融、財力的象徵。美國僅僅 200 多年的歷史，其強大的金融資本卻征服了整個世界，也改變了全球的格局。美國之所以能在第一次世界大戰、第二次世界大戰、冷戰、單極稱霸等一系列大事件中獲勝，與華爾街的金融轉化作用是密不可分的。

華爾街原本是位於紐約市區百老匯附近的一條普普通通的小街，在短短的 200 多年間，發展成為世界金融中心、全球經濟的晴雨表、全球金融的核心。

華爾街在 200 多年的發展歷程中，一手締造了許許多多的商業巨擘，如花旗銀行、摩根大通、摩根史坦利、美林證券、貝爾斯登、高盛集團等。

這些超級金融航母在 100 多年以來，和世界上 100 多個國家和地區有著頻繁的金融往來，其客戶數量以億為單位計算。

然而一朝大廈傾，華爾街曾經引以為豪的五大投資銀行頃刻間全軍覆沒，崩塌了 3 家，貝爾斯登、美林證券、雷曼兄弟先後倒台，而幸存的兩家——摩根史坦利和高盛被政府招安，由投資銀行轉型為銀行控股公司，成為了普通的商業銀行。此舉意味著摩根史坦利和高盛從此將接受美國聯準會、證監會和美國聯邦儲蓄保險公司等更多監管機構的嚴厲監督，再也不會像以前一樣縱橫捭闔、為所欲為了！

地球的西半球已經亂作一團，而身處東半球的日本和中國呢？日本的政局近幾年來時刻處於動蕩之中。原本被朝野上下一致看好的首相福田康夫突然宣布辭職，由於其任期未滿，提前辭職，一下子造成

了日本內閣的權力真空。此後，日本首相更替頻繁令人應接不暇。在經濟領域，日本銀行在這次金融危機中遭受重創，央行兩次注巨資給銀行。而在中國，房地產和股市也是一路下跌。在中國地產最前沿的深圳，一批房地產炒家傾家蕩產，前幾天還是身價過億萬，今日卻只能破帽報顏過鬧市。北京的地產大亨潘石屹，其 SOHO 房地產虧損 1 億元新臺幣以上，他宣布以後將騎單車上班。地產公司們紛紛宣布在極度深寒下「冬眠」。

　　而中國的外匯儲備，在此次百年未遇的金融風暴中損失慘重。根據中國四大國有銀行披露的數據，截至 2008 年 6 月，他們共有 4590 億美元的海外資產，其中中國銀行獨占 2400 億美元。這個資產規模是個什麼概念？就是除了中國、日本、俄國以外，超過全球其他所有國家中央銀行海外資產的數量。根據破產文件顯示，雷曼兄弟前 30 大無抵押債權人主要是亞洲金融機構，除了日本的 Aozora 銀行、中央三井信託、住友三井金融、瑞穗實業銀行、信金中央金庫，中國銀行也赫然在冊。

　　俗話說有虧就有贏，錢究竟流向了哪裡？為什麼說日本在此次危機中損失最為慘重？

　　全球經濟一體化的今天，各國間的經濟交往頻繁，如何規避和防範風險？經濟該如何走？

　　如果我們能像經濟學家那樣思考該多好，許許多多充斥於互聯網、電視、報紙、雜誌、手機新聞的複雜經濟現象就可以得到解釋。只要我們能掌握經濟學家們得心應手的經濟學原理，我們就能做到心中有數。讓我們的投資理財行為變得更加合理和謹慎，使我們面對房價與

失業時都有一份理解和從容。

## 20.2

# 一袋米、兩根黃瓜都是學問──平凡生活中的經濟學

我們學習經濟學，可不只是為了關注生活當中那些突發事件，更重要的是應用到我們平凡的生活中去。一袋米、兩根黃瓜，都關乎民生，關乎經濟。看似簡單得不能再簡單的一袋稻米，從地塊、種子的選取，從翻地、澆水到施肥，驅蟲除草，無不凝結著經濟學的計算和權衡。

平凡生活平凡到什麼程度呢？我們可以這樣考慮，你每天下班以後，到菜市場去買菜，肯定要考慮交通和成本，是步行還是騎車、開車，一般人肯定選擇前兩種，下班還開車去買菜，恐怕有點好笑。買菜的過程中，也是享受下班時光的美好時刻，所以絕大多數人會選擇成本最低的方式。什麼樣的菜好儲存，什麼樣的菜不耐放，必須及時吃完，或者什麼樣的菜物美價廉，什麼樣的菜營養價值高、無汙染，定期要不要更換新的菜，是否需要根據季節的變化選擇最新鮮的蔬菜？這些都是要考慮的內容。

這些也許就是你每天都要面對的生活，只是你沒有當作什麼經濟學，而是當作了日常的小算計。相信透過本書的提示，你將發現我們生活中到處都充滿了經濟學。

# 20.3

# 人們花錢消費的動機是什麼——經濟學的實質（一）

　　經濟學是一門研究人們在日常生活事務中活動和思考的學問。但它主要是研究人在日常生活事務方面最有力、最堅決的影響人類行為的那些動機。最有能力、具有高度責任感的企業家，他們能使用最先進、最前沿的研發方法與管理工具。

　　不過，對於大多人來說，最切實的經濟問題就是每月拿到的薪水。而推動大家努力工作的也是獲得薪水的欲望，薪水是員工的物質報酬，是員工日常生活的保障。薪水在使用上可以是利己地或利人地用掉了，也可以是為了高尚的目的或卑鄙的目的用掉了，在這一點上，人類本性就發揮作用了。

　　但是，這個動機是由一定數額的貨幣所引發的，正是對工作中最堅定的動機的這種明確和正確的貨幣衡量，才使經濟學遠勝過其他各門研究人的學問。正如化學家的精良天秤使得化學比其他大多數自然科學更為精確一樣，經濟學家的這種天秤，雖然還在不斷的完善當中，但也使得經濟學比其他任何一門社會科學更為精確。不過，經濟學當然不能和精密的自然科學相比，因為它是研究自然物的總體和個體狀態的。

　　經濟學比其他社會科學的有利之處，似乎是由以下事實產生的：它的特殊的工作範圍，使它比其他任何一門學問都具有較大的採用精密方法的機會。它主要是研究那些欲望、憧憬和人類本性的其他情感，它們的外部表現是以這樣的一種形式成為活動的種種動力，以至於這

# 耍廢時看的經濟學
經濟學名詞懶人包

些動力的力量或數量能夠正確地加以估計和衡量，因此，對這些動力就能用科學方法來研究了。當一個人的動機的力量能用他為了得到某種滿足正要放棄的貨幣額，或者用剛好使他忍受某種疲勞所需要的貨幣額，加以衡量的時候，科學的方法和試驗便有了可能。

指出以下一點是重要的：經濟學家並不能直接衡量心中任何情感的本身，只能間接地透過它的結果來衡量。其實即使同一個人的情感，在不同時間裡也是不能準確衡量的。至於別人的心情，除了間接地和透過推測從它的結果來衡量外，就更難衡量了。

即使我們將注意力集中於僅僅是同一種類的物質愉快和痛苦，我們也只能從它們的結果來間接地比較。其實，除非這種愉快和痛苦在同一時間發生在同一個人的身上，否則，即使這種比較在某種程度上也必然是透過推測來進行的。

兩個人從吸菸中所得到的愉快是不能直接比較的。

即使同一個人在不同的時間從吸菸中所得到的愉快，也是不能直接比較的。但是，如果我們看到一個人將他有的幾塊錢用於買一支雪茄煙，還是買一杯茶喝，還是坐車回家猶豫不決時，我們便可按照常理說，他從這 3 件事上能得到的愉快是有可比性的。

因此，我們要想比較即使是物質的滿足，也不能直接比較，而必須間接地從這種滿足對活動所提供的動力來比較。如果要得到兩種愉快之中任何一種愉快的欲望，會誘使環境相同的人去做剛好是一小時的額外工作，或是誘使身分相同和財產相同的人為這一小時工作付出 100 元的話，則我們可以說，這兩種愉快是相等的。

像人們在日常生活中所做的那樣，我們用激發活動的原動力或刺激物來衡量一種心情。雖然在我們所要考慮的動機中，有些屬於人類

的較高本性，有些屬於人類的較低本性，但也不會引起新的困難。

經濟學家研究各種心情，是透過心情的表現，而不是心情的本身。如果他覺得不同的心情對活動提供相等的動力的話，則可以把這些心情當作是相等的。

經濟學家不打算去衡量人類本性的高級情感與低級情感的真正價值，也不去比較對美德的愛好與對美食的欲望關係。經濟學家會從結果來估計激發活動的動力，正如人們在日常生活中所做的那樣。

但是，經濟學家也不忽視生活的心理和精神方面。相反地，即使在經濟研究的較狹窄的用途方面，了解佔有優勢的欲望是否有助於形成一種堅強和正直的性格，也是重要的。在經濟研究的較廣的用途方面，當這種研究被應用到實際問題中去的時候，經濟學家也像別人一樣，必須關心人類的最終目的，並考慮各種滿足的實際價值的差異，這些滿足同樣是有力的動力，因為具有相等的經濟價值，對這些價值的研究是經濟學的起點。

## 20.4

# 人們花錢消費的動機是什麼──經濟學的實質（二）

同樣是 1000 元，對窮人和富人來說，衡量其動機的計算是有差異的，這屬於個例的計算，但經濟學通常尋求的是不受個人特性影響的廣泛結果。

用貨幣來衡量動機，還有幾種其他的限制是要加以研究的。第一種，對消費者所處環境限制的衡量，因為必須考慮同額貨幣所代表的

愉快或其他滿足，不同的人在不同環境下的多寡也不同。

即使對於同一個人而言，1000 元所衡量的愉快（或其他滿足），也許在一個時候比另一個時候要多。這是因為他所擁有的金錢，可能會有時多有時少，或者他的感覺會發生變化。同樣的事件，對於經歷相同、外表相似的人所產生的影響，也常有不同。例如，當一群城市裡的小學生到鄉村裡去度一天假的時候，恐怕他們當中不會有兩個人由此獲得種類相同、強度相等的愉快。同樣的，外科手術施於不同的人，會造成不同程度的痛苦。有些人一般是不很敏感的，但卻特別容易感到特殊種類的愉快和痛苦。同時，本性與教育的不同，可使一個人對苦樂的全部感受力比別人強烈得多。

所以說任何有相同收入的兩個人，都能從收入的使用上得到同樣的利益，或者說收入同樣減少，他們就會感到同樣的痛苦，都是不妥當的。從每年收入都是 30 萬元的兩個人中各徵 3000 元稅的時候，雖然每人都要放棄 3000 元價值的愉快（或其他滿足），但每人所放棄的滿足的強度，卻不一定相等。

雖然如此，如果我們所取的平均數非常廣泛的話，足以使各人的個人特性互相抵消。假如有 1000 個人住在 S 市，另有 1000 個人住在 A 市，每人每年約有 300000 元的收入，對他們都徵 3000 元的稅。我們可以相信，這 3000 元的稅在 S 市將造成的愉快的喪失或其他損害，與它在 A 市造成的損害大致相同的。如使他們的收入都增加 300 元的話，則這兩個地方就會得到相等的愉快或其他利益。

如果他們都是成年男子，從事同一行業，因為可以推測在他們的感覺和性情上、興趣和教育上也大致相同，則這種可能性就更大。如

果我們以家庭為單位，並對這兩個地方的每年有 30000 元收入的 1000 個家庭中每個家庭因減少 300 元的收入所引起的愉快的喪失，加以比較的話，則這種可能性也毫不減少。

其次，我們必須考慮以下事實：使一個窮人對任何東西付出一定的代價，比使一個富人需要有較強的動力。對於一個富人而言，100 元所衡量的愉快，比一個窮人小。一個富人對是否花 100 元與買一支雪茄煙猶豫不決時，窮人卻在考慮是否花 100 元去買可供他一月之需的菸草。每年有 100000 元收入的職員下雨時打計程車去上班，而每年只有 30000 元收入的職員，在雨下得更大的時候，仍是步行去公車站坐車。這是因為，乘電車或公共汽車的費用所衡量的利益，對窮人比對富人較大。窮人如果用掉了那筆車費，以後他將因缺少這筆錢而受到較之富人的感受為大的痛苦。在窮人的心目中，車費所衡量的利益，比在富人的心目中所衡量的要大。

但我們如能考慮大多數人的活動和動機，造成這種差錯的來源也會減少。例如，如果我們知道，　家銀行的倒閉使 S 市的居民損失 2 億元，使 A 市的居民損失 1 億元，我們就很可能會認為，在 S 市所造成的損失大 1 倍。除非我們確有某種特別理由，相信銀行倒閉對兩個城市的工人階級所造成的失業的比重不同。

在經濟學所研究的事件中，絕大多數是以大約相同的比例影響社會上一切不同的階級。因此，如果兩件事情所造成的愉快的貨幣衡量相等的話，則認為這兩件事情的愉快多寡是相同的。更進一步說，如從任何兩個地方，毫無偏見地抽出兩大群人，他們的金錢以大約相等比例增加，我們就認為他們生活的美滿程度也將有大約相等的增大。

另外一點，當我們以貨幣來衡量欲望，這並不是說，我們認為一切活動都是有意識的，而且是深思熟慮的結果。因為在這一點上，經濟學會把人看作日常生活中的自然人。在日常生活中，人們並不預先考慮每一活動的結果，不管它的推動力是出自人們較高的還是較低的本性。

20.5

## 個人經濟活動對社會的影響——經濟學家的祕密視角

經濟學家研究個人的活動，但是，他是從個人活動與社會生活而不是與個人生活的關係來研究這些活動的，因此他不會注意個人性情和性格上的特點。經濟學家會仔細觀察一類人的行為，有時是全國人的行為，有時只是住在某一區域的人的行為，更多的則是在某一時間和某一地點從事某種特殊行業的人的行為。依靠統計學的幫助，或用其他方法，經濟學家就可以知道他所觀察的某一團體的成員正好願意平均付出多少錢，作為他們所要的某一物品的價格，或者必須付給這一團體成員多少錢，才能使他做一種他們所不願做的努力或犧牲。

這種衡量如果是準確的，就足以使經驗豐富的經濟學家準確地預測出與這類動機有主要關係的各種變化所引起的結果的大小。

例如，在一個地方準備開辦一種新的行業，都要獲得勞動者的供給——從最低級到最高級的勞動者。那麼需要付給這些人多少薪水，這就需要經濟學家們去很準確地估計出來。當他們參觀一個工廠時，這個工廠是他們以前從未看見過的，只要觀察某種工人的職業需要技

術的程度如何，以及這一職業所包含的對於工人在身體上、精神上和
道德上的能力的緊張程度，他們就能說出這種工人每星期能拿多少工
錢，與實際只相差 100 ～ 200 元。而且，經濟學家們還能夠相當正確
地預言，某一物品的供給減少多少，將會造成價格上漲多少，以及價
格上漲將對供給產生怎樣的影響。

　　從這種簡單的研究出發，經濟學家就可進一步分析出各種工業地
區分布的原因、住在遙遠地方的人互相交換貨物的條件等：他們能夠
解釋和預言信貸的變動將如何影響對外貿易。

　　經濟學家所研究的是一個實際存在的人，他們主要研究這個人生
活的某些方面，在這些方面，動機的作用是如此的有規律，以致能夠
加以預測。這些對動力的估計，也能用結果來證實，這樣，經濟學家
就將他們的工作建立在科學的基礎上了。

　　因為：第一點，經濟學家所研究的事實是能被觀察的，他們所研
究的數量是能被衡量和記錄的。因此，當這種事實和數量在意見上產
生分歧時，就能用公開的和可靠的記錄來判斷，只有這樣，經濟學才
能在堅固的基礎上繼續工作。第二點，列入經濟學的問題，構成了一
類性質頗為相似的問題，這類問題能用貨幣價格進行衡量。

　　當然，經濟學並不同於精密科學，很多與人有關的研究都會受到
心理等各種不確定因素的影響，但是透過科學的歸納和分析，經濟學
正逐漸變得更加精確和精密，在解決各類問題上也變得越來越準確
和有力。

# 耍廢時看的經濟學

經濟學名詞懶人包

# 第 21 章
# 掌握經濟學中的金科玉律

　　經濟學的精髓從來都不是枯燥的長篇理論，也不是各種細緻的推理和計算，而是言簡意賅、千錘百煉、反覆驗證的珠璣至理。令人智慧頓開、思維閃光，不論是基本的經濟學演繹、分析方法，還是有趣的經濟學案例（往往是故事）提煉的經濟學定律，都是激活我們大腦思維的越嚼越香的趣味豆。

## 21.1
## 最基本的經濟分析法——歸納與演繹

　　經濟學需要用歸納法和演繹法，為了不同的目的，採用這兩種方法的比重也不同。

　　像其他一切學科一樣，經濟學的工作是收集、整理和解釋事實，並從這些事實中得出結論。「觀察、說明、定義和分類都是準備工作。我們所希望由此得到的是，經濟現象的互相依賴的知識。歸納法和演繹法都是科學的思想所必須採用的方法，正如左右兩足是走路所不可缺少的一樣。」這種雙重的工作需要採用的方法，不是經濟學所特有的，而是一切科學的共同特性。

　　研究科學方法的論文所說到的尋求因果關係的一切方法，經濟學

# 耍廢時看的經濟學

*經濟學名詞懶人包*

家也都必須採用一下。因為沒有一種研究的方法能夠很恰當地稱為經濟學的方法；但是，每種方法都可以嘗試，或是單獨採用或是與別的方法合用。正像下棋一樣，棋盤上所能出現的變化是如此巨大，以致恐怕從來沒有出現過完全相同的兩局棋。在學者向大自然探索它的隱藏的真理的斗爭中各種方法都是值得嘗試的。

在經濟研究的某些部門中，研究新的事實比探討既有的事實之間的相互關係和解釋更為緊要。而在其他的部門中，任何事件的表面上的原因，究竟是不是它的真正的原因和唯一的原因，仍然很難確定。因此，對我們已知的事實的推論加以仔細考查，比尋求更多的事實更為迫切。

由於上述的和其他種種理由，會同時存在具有不同才能和抱有不同目的的學者，其中有些人致力於對事實的研究，有些人致力於科學的分析；就是說，將複雜的事實分為許多部分，和研究各部分相互之間以及與相關的事實的關係這兩個派別。我們希望這兩派——分析派和歷史派——永遠存在，每派澈底地進行自己的工作，每派都利用另一派的工作。這樣，我們就最可獲得關於過去的正確的概括，並從其中得到對於未來的可靠指導。

自然科學的各種規律的準確性是不同的。社會和經濟的規律相當於較為複雜和較不精確的自然科學的規律。

超出希臘人的光輝天才所獲得的成就之上的那些最進步的自然科學，嚴格來說，並不都是「精確的科學」。但是它們都以精確為目的。就是說，它們全都以把觀察的結果歸納為暫時性的敘述為目的，這種敘述的精確性足以經得起其他對自然觀察的考驗。這些

敘述在最初發表的時候，極少具有很高的權威。

但是，在它們受到了許多獨立的觀察的考驗之後，尤其是在它們已被成功地用來預測未來的事件或新試驗的結果之後，它們就成為規律了。科學因以下的原因而得到進步：它的規律的數目的增加和精確性的提高；這些規律經得起日益嚴格的考驗；擴大了這些規律的範圍，直到一個廣泛的規律包括和代替了許多較狹的規律，而這些較狹的規律已被證明為這一廣泛的規律的許多特殊例證。

任何學科都是這樣演繹並成為體系的，因為研究科學的學者在某些情況下，就能很有權威地——比他自己所有的權威更大（也許比任何雖然有能力但只靠自己的才能、忽視前代學者所獲得的結果的思想家的權威更大）——說明某種情況會有什麼結果，或者某一已知的事件的真正原因是什麼。

# 21.2
## 經濟學常識的最初來源——規律性認識

對於某些先進的科學主題的進步要依靠許多學者的廣泛合作。他們盡可能正確地衡量他們的事實和解釋他們的敘述，因此每個研究者就能從最靠近以往的學者所停止的地方開始研究。

經濟學希望在這一類學科中佔有一個位置，因為，它的衡量雖很少精確，但它不斷地努力使這種衡量較為精確。

那麼，就讓我們較為詳細地考慮經濟規律的性質及其限制。如果沒有阻礙的話，每個原因都有產生某種明確結果的傾向，就比如物理學的萬有引力一樣。它可以是一種非常精確的敘述——精確到使數學

# 耍廢時看的經濟學

*經濟學名詞懶人包*

家能計算航海歷,這種航海歷能表明木星的每個衛星將落在木星之後的時刻。數學家在許多年之前就做出這種計算;航海者將航海歷帶到海上,就可用來找出他們所在的地點。現在沒有一種經濟的傾向能像引力那樣不變地發生作用,以及像引力那樣被精確地衡量,因此沒有一種經濟學的規律能與引力定律相比。

潮汐在太陽和月亮的作用下,為何每天漲落兩次?為何在月半時潮汐大?為何在一月的上下弦時潮汐小?當潮水湧進一個狹窄的海峽時,像塞佛恩那樣,為何會漲得很高?

這樣,在研究了不列顛群島四周的水陸地位情況之後,人們就能預先計算任何一天在倫敦橋或格羅賽斯脫潮水大概什麼時候會漲得最高,將有多高。他們必須使用「大概」這個詞,而天文學家在說到木星的衛星被蝕時卻不必使用這個詞。因為,雖有許多因素對木星及其衛星發生作用,但每一種因素都以能被預先測知的一定方式發生作用的。

但是,沒有人對天氣有足夠的了解,並能預先知道天氣將發生怎樣的作用。

泰晤士河上游的一場大雨,或是日耳曼海一陣猛烈的東北風,可使倫敦橋的潮汐與預料的大不相同。

經濟學的規律可與潮汐的規律相比,卻不能和簡單與精密的規律相比,因為人們的活動是多種多樣的和不確定的,以致在研究人類行為的科學中,我們所能做的關於傾向的最好的敘述,必然是不精確的和有缺點的。這一點也許會被當作對人類行為不能做出任何敘述的一個理由。

生活就是人類的行為,以及在行為中所產生的思想和感情。我們

大家都在不同程度上不斷地力求了解人類活動的方向，並使這種方向適合於我們的目的，不論這種目的是利己或利人、高尚或卑鄙。因此我們必須形成關於人類活動傾向的某些概念，我們要在草率地形成這些概念和小心地形成這些概念之間做出選擇。這種工作很困難，需要不斷地耐心研究。利用較為進步的自然科學所獲得的經驗，盡我們所能做出關於人類活動的傾向的深思熟慮的估計或找出暫時性的規律。

　　因此，「規律」這個名詞的意義，不過是一種比較可靠的和明確的一般命題或傾向的敘述而已。在每種科學之中，都有許多這樣的敘述，但我們對這些敘述並不都稱它們為規律。我們必須加以選擇，這種選擇決定於實際的便利較多，而決定於純粹的科學研究較少。如果任何的一般敘述，因為我們常常要引用，為了避免我們詳細引用它的麻煩，就會給它一個特別的名稱，否則，就不必如此。

　　所以社會科學的規律，即社會規律，是一種社會傾向的敘述。也就是說，我們可以對某一社會集團的成員在一定情況下所有的某種活動的趨向進行敘述。

　　被當作是經濟規律的社會規律，與不被當作是經濟規律的社會規律之間，並沒有嚴格和明顯的區別，因為這兩種社會規律只是等級劃分的不同，後一種社會規律遠不及經濟規律那樣精密和正確，正像經濟規律遠不及較為精確的自然科學規律一樣。

**21.3**

# 從最簡單的現象入手——透過現象看本質

我們在分析經濟學現象時，總會發現這樣的一些規律，比如透過季節、時間、技術、程式、工藝、品種等外部手段對生產資料的影響，會使價格發生變化，出現上下波動的現象。

大多數在肯德基打工的人，願意工作一小時拿 160 元，如果工作一小時 80 元的話，他就不願意工作了，這是正常的情況。如果一天要是賺不到 1300 元，恐怕也就沒人去做了，這也是正常的情況。新鮮雞蛋的正常價格，在一年中的任何一個季節大概都是 4 塊錢一個，但在春節期間就會變成 6 塊錢一個。

我們自身生活的需求，去促使我們發揮自己的智慧去權衡做出一項經濟活動的價值大小，這是我們的本能。從本能需要出發，我們的經濟學常識會在此後生活中類似的事件中得到強化。但是本能也會有失靈的時候，我們的情緒、視野、見識等會阻礙我們去認清經濟現象的真相。

那些最窮困的人有不少缺乏進取心，他們被頹廢的情緒和灰暗的生活現狀所打敗，不願花費心力去獲得較為健康和體面的生活機會。他們沒有擺脫悲慘環境所必需的身體、精神和道德上的力量。

經濟現象猶如萬花筒，千變萬化、千姿百態，但本質，卻就是那麼精練的幾條，經濟學不是高深莫測的煌煌理論，也不是枯燥乏味的公式計算，它是鮮活的、多變的、充滿激情的日常生活，有了經濟學，我們的生活會更加美好，我們的思維會更加活躍，我們的智慧會更

加豐盈。

## 21.4

# 經濟學原理歸納總結的前提——科學假設

　　一切科學的學說無不暗含著採用條件，這種假設的因素在經濟規律中也特別顯著。民國時期的學者胡適曾經說過：「大膽假設，小心求證。」此為至理名言，是推動科學研究發展的重要前提。

　　經濟學的規律是「假設的」，受到以下兩個條件的限制：第一，假定其他情況不變；第二，這些原因能夠不受阻礙地產生某些結果。差不多每種科學的學說，當它被仔細地和正式地說明的時候，無不包括某種附帶條件在內，經濟學也不例外。

　　所以任何經濟學理論都是動態的、發展的，需要時間去驗證它發展過程中的各種趨勢和結果。比如說馬克思的社會主義理論，比起資本主義的發展歷程，社會主義理論相對較晚，是在反思資本主義的基礎上發展而來的，也經歷了空想社會主義到科學社會主義的階段，還衍生出民主社會主義、國家社會主義等發展形態。

　　1990 年代，蘇聯解體給社會主義陣營的國家帶來很大的衝擊。除了對蘇聯教訓的反思，中國政府也派人前往英、美等已開發資本主義國家，對當時的資本主義發展狀況進行考察。因為在當時，有一個很流行的馬克思主義觀點就是：社會主義國家或者共產主義國家將誕生在高度發達的資本主義國家，資本主義必將衰亡，被共產主義社會所代替。

　　但是現在，資本主義發達國家沒有產生出來馬克思所預言的

# 耍廢時看的經濟學
經濟學名詞懶人包

社會主義國家，也並沒有滅亡的跡象，反而是曾經在世界刮起紅色風暴的社會主義國家紛紛發生危機，尤其是社會主義國家的榜樣和權威——蘇聯，遭遇了政變和解體，這一切，又是為什麼呢？

透過調查，中國政府的智囊們開始了解到，社會主義之所以遭遇挫折，跟社會主義國家的發展沒有既定模式，要靠政府的自我摸索有關，而這種摸索很多時候也會受到領導人自身缺陷的人為干擾。而資本主義之所以沒有滅亡，反而持續發展，是因為無產階級的核心——工人階級，建立了權力很大的工會，這些工會為了工人的權益跟政府和企業據理力爭，工人的生活因此得到很大的改善。

工人階級在資本主義發達國家逐漸上升為生活富足的中產階級，正是因為中產階級這個新階級的產生，使得工人運動趨於平息。再有，許多資本主義國家實行高福利，也使得工人階級和其他一般公民的醫療、教育、生育、就業和失業保障等生活條件得到很大的改善，使得社會逐步向前和諧發展。

再有，高新科技在資本主義國家的率先使用，透過全球化經濟貿易的推動，使得資本主義國家能夠在科技和經濟上獲得長足的發展，也延緩了其老化。儘管馬克思很精準地推斷：資本主義是無法擺脫經濟危機的，因為這是資本主義的先天性缺陷。經濟危機確實會周期性爆發，到目前為止，卻並沒有使其衰亡。正是科技、高福利和中產階級，使得資本主義一次又一次擺脫了馬克思的預言。

與國家發展歷史一樣，整個經濟發展也是循序漸進，有一定歷程的。經濟分析和一般推論雖然應用很廣，但每一時代和每個國家都有它自己的問題。社會情況一旦發生變化，經濟學說就需要有新的發展。因此，我們在閱讀經濟學理論的書籍時，一定不要把那些「科學假設」當成定論、放之四海而皆準的公理，要從假設的角度去看待這些前人

的智慧，同時使我們自己掌握科學假設的經濟學分析研究方法。

# 21.5

# 為什麼會有兩極分化？──馬太效應

在某一方面獲得成功，由此積累一種優勢，就會有更多的機會取得更大的進步，這種優勢可以出現在任何個體或是地區。早在 1960 年代，著名社會學家就將這種現象歸納為「馬太效應」。

這種效應是影響企業和個人發展的重要法則。源自基督教的聖經，在《新約·馬太福音》中有一則寓言：「凡有的，還要加給他，叫他多餘；沒有的，連他所有的，也要奪過來。」所以我們現在能夠看見富人越富，窮人越窮。

「馬太效應」在社會中廣泛存在，尤其是在經濟領域。關於地區間的經濟發展趨勢有的人認為，由於資本帶來的報酬是遞減的，一旦出現了這種情況，資本就會自然而然地流向還未出現報酬遞減的地區。結果造成發達的地區越來越發達，而貧窮的地區越來越貧窮。又如，人才佔有也是這樣的情況，佔有人才越多的地方，越具有吸引力，可以吸納更多的人才，反之亦然。研究成果越多的人往往都很有名，有名了研究成果就會越來越多，這也是一樣的道理。

除了解釋現象，馬太效應還有它的影響。在描述成績方面，因為馬太效應講述出名者會越來越出名，而同樣是做出了相同的成績，前者就會受到表揚和獲得榮譽，各種訪問也接踵而至，結果往往會使這些人居功自傲，被糖衣炮彈沖昏了頭腦，而未出名者因為未被關注，

漸漸失去斗志，甚至遭到非難。

但是積極的一面，馬太效應可以防止那些不成熟的成果被社會接納，而其產生的對出名者的「榮譽」和「光環」現象，又可以促使未出名者奮起直追，對其有更大的吸引力，使其更加努力以超越出名者。

馬太效應告訴我們，要想在某一領域做強做大，就必須保持優勢，當對手強大時，要另辟蹊徑，以自己的強勢戰勝對方的弱勢。

## 21.6

# 簡單有效的管理——奧卡姆剃刀定律

「如無必要，勿增實體」被稱作「簡單有效原理」，這個簡單的原理就是「奧卡姆剃刀定律」。14 世紀的英國，人們對於「本質」的爭論甚為普遍，邏輯學家奧卡姆（約 1285—1349）宣傳他的唯名論，也就是只承認確確實實存在的東西，除此之外，空洞無物的概念都是累贅，應該被剔除掉。他主張的「思維經濟原則」，就是「奧卡姆剃刀定律」。

奧卡姆曾經在牛津大學、巴黎大學求學，潛心研究哲學。在他向牛津大學申請教職時，因為他的部分觀點與當時的羅馬教義不合，被指為「異端」，被要求接受審查。他的 51 篇著作被教會聘請的神學家稱為「異端邪說」。

1328 年奧卡姆越獄，最後，到達了德國的慕尼黑。在那裡，奧卡姆對時任神聖羅馬帝國皇帝的路易四世說：「你若用劍保護我，我將用筆保護你。」

羅馬教廷在路易四世死後希望與其和解，由於當時歐洲爆發

　　黑死病，奧卡姆尚未簽署相關文件就病死。他是中世紀最後一批學
者之一，堅定的唯名論者。他的這把剃刀，使科學、哲學從神學中
分離出來，引發了歐洲的文藝復興和宗教改革。

　　現在的很多政府工程，打著冠冕堂皇的美名，大興土木，出現了
很多面子工程、獻禮工程、政績工程，官員們熱衷於工程建設，拿著
納稅人的錢，急於邀功論賞，做出政績，不管品質，只圖「大、多、
快」，建造一些沒有必要的工程，對環境和百姓生活造成很大的影響。

　　這樣的做法被很多地方官員效仿，因此，我們經常可以看見國外
報導中出現「大手筆」，城市之間相互比較，相互攀比，各地的建築
都力爭天下第一高，廣場更是遍地開花，不斷地拆了蓋，蓋了拆。政
府之間把招商引資、搬遷拆遷作為政績的考核指標。政府在行政的過
程中如果能領悟奧卡姆剃刀的內涵，就不至於出現不顧中央的三令五
申，強拆強搬，做一些失去政府威信，導致干群關係緊張的事情了。

　　從奧卡姆剃刀定律出發，不論是政府還是企業，在日益膨脹的組
織機構下，將制度簡化，手續簡化，就能有效地避免文件堆積如山，
辦事效率越來越低的現狀。化繁為簡，簡化管理，將會使複雜變為簡
單，這向我們今天的管理工作者提出了挑戰。

　　因為時間和精力的缺乏，難以應付變化如此之快的世界，繁文縟
節只會增加管理成本，降低效率，分不清輕重緩急，從而導致失敗。
簡化而有條理的管理能使人們更加易於理解和操作。採用奧卡姆剃刀
定律，分清「重要的事情」和「緊迫的事情」，才能將管理真正變
得科學。

　　奧卡姆剃刀定律同時告訴我們，把事情變複雜很簡單，把事情變

簡單卻很複雜。對於管理，「簡單」就顯得意義非凡，但凡一流的企業家無不謹慎小心，簡單管理是一種古老又嶄新的管理理念，有著深刻的內涵。

21.7

# 政出多門令人無所適從——手錶定律

人們無法靠自己感知具體的時刻，因此往往借助於儀器和工具，現在人們更多的是依靠手機，而在以前，人們主要透過手錶來確定時間。有一種定律是和手錶有關的，叫作「手錶定律」，手錶定律又被稱為兩塊手錶定律。我們可以想像，當一個人擁有一塊錶時，時間是由這塊錶來確定的，這個時間很確切，但是當他同時擁有兩塊錶時，確定一個時間就變得不那麼容易了。

因為兩塊錶無法告訴人們哪一個才是更準確的時間，不知該將哪一個時間視為真實時間，因此，不僅不能知道具體時間，還會面對選擇帶來的壓力。手錶定律的深層含義在於每個人都只能有一種價值觀念和行為準則來指導自己的生活，否則，不同的價值觀念，人們將無法選擇，必將使生活陷入混亂。

在管理方法方面，手錶定律告訴我們，不能針對同一個人同時設置不同的目標或是針對同一個人同時採取不同的方法。對人員的管理也是一樣，不能同時由兩個人指揮一個人，否則將會使被管理者摸不著頭腦，沒有方向。政出多門，就是工作中最常見的情況。

生活中還有很多這樣類似的問題用手錶定律就可以得到很好的解

釋，比如多重標準、多元化問題等。解決這些問題的方法就是靈活變通，不死搬教條，鎖定目標，明確任務，不受他人和外界干擾，根據不同情況靈活處理。

在生活中，商家們都開動腦筋，在國家對重要商品的定價問題上，使用點「小聰明」，將商品的價格制定在國家規定的最高限價的邊緣，消費者看似買到了比較便宜的商品，捆綁銷售後好像第二件商品也便宜了，實際上的結果並非如此。

制定價格，各地的政策並不一樣，一般都是在國家指導價和商家自主定價的基礎上，地方政府可以結合本地實情，制定限價政策。對經營者來說，只要有利潤，並不在乎這個定價過程中的決策者有誰，如果存在不同部門作出不同的價格指令，就會使他們無所適從了。

百姓之間，有一句話「合夥生意難做」，即使是兩兄弟合夥經營，也會出現很多問題。

　　大李和小李是兄弟，他們打算開一間公司。大李是哥哥，在社會上摸爬滾打了很多年，積累了一定的人脈，而且對他們所要開的圖書銷售公司的行業情況也很了解。小李大學剛畢業沒兩年，很有魄力，大膽敢為，兩兄弟一個辦事穩妥謹慎，一個敢拚敢闖，按說，這是最佳組合。

　　但是實際情況卻並非如此，公司開辦以後，運作起來，才發現問題很多。大李凡事求穩，雖然有很多資源，但是不善於利用，從而並未發揮這些資源的優勢。而小李呢，總覺得自己年輕有為，點子多，聰明，看著哥哥辦起事來執行力差，總覺得自己才是公司的核心，靠自己實現銷售和利潤，因此，也不把哥哥大李放在眼

裡。

兩兄弟因為互相不服對方,在員工管理、財務業務等方面產生分歧,一個人做出一項決策,另一個人非要全盤否定,希望按照自己的想法來,員工們經常是被兩位所有人的決定左右,不知該聽誰的。一個項目只能有一個決策者,兩個人總是達不成共識,如此一來,公司的經營日益慘淡。

上面的例子告訴我們,在一個企業,我們經常聽到第一把交椅、副手,雖然有一、二之分,但是可能兩個人都是老闆,公司是兩個人合夥開的。那麼如何平衡才是關鍵,重複指令只會降低效率,意見不一,也會產生分歧,降低員工的信心,削弱自己的競爭實力。只有把各自的手錶調成一樣,相互協調,才能使整個機構協作起來,達到高效運行。

## 21.8

# 福兮禍之所伏,禍兮福之所倚——零和遊戲

遊戲中有贏家就有輸家,一方贏則另一方輸,最後遊戲的結果永遠是零,這被叫作零和遊戲,或是遊戲理論,它源於賽局理論。人類社會有很多的「零和遊戲」現象,現在零和遊戲已經被廣泛地應用於指代贏家和輸家的對抗。

大李和小李的合作,如果持續,那麼他們會加大資源的投入,如此一來,因為政令不一,爭吵不斷,造成的浪費也會越來越多,從而影響公司的發展。如果大李停止和弟弟小李合作,他所擁有的資源優

勢，也不能得到充分的發揮，不善於利用資源和人脈，只會不停投入，不斷損失，而且一個人無法做到事無巨細，結果肯定不盡如人意，所以肯定是失敗的，這樣的結果是零。

而弟弟小李看不上哥哥的辦事效率，自己一個人獨當一面，需要建立客戶關係，培訓合格的員工，以及手機資源，這些代價也是很大的。小李一個人創辦公司的結果也會是零。自立門戶，對弟弟小李來說，並不是最佳選擇，因為哥哥大李擁有這個行業的人脈資源，對業務流程又十分熟悉，無論哪一點，都完全可以和弟弟抗衡。在大李眼裡，小李的單打獨鬥，是「必死無疑」；在弟弟小李眼中，哥哥自恃佔有資源，即使一人開公司，沒有執行力結果也是零。

只有兩兄弟懂得退讓，相互包容時，才是解決公司事務的最好辦法。零和遊戲，既是一種前進，也包含著退讓。適當地退讓，才能解決意見上的分歧，企業才能走上正軌。對於企業如此，對於一個國家的外交也是一樣。求同存異的結果是 1，各行其道的結果是 0。

社會的方方面面都存在著和「零和遊戲」類似的局面。經歷了世界大戰之後，人們越來越關注零和遊戲原理。零和遊戲的觀念已經逐漸被「雙贏」的觀念取代，人們覺得在實現自己的利益時，不損害他人，這樣會更好。通力合作，結局會更好。零和遊戲是一種資訊不對稱情況下的結果，並不被認可，「利己」不一定要「損人」，「雙贏」才是人們追求的結果。

從「零和」走向「雙贏」，要求雙方真誠合作，遵守規則，不要想著貪圖便宜。尤其在經歷經濟的深度發展，科技進步、全球一體化和經濟發展帶來的環境汙染以後，人們越來越考慮「邊際效益」，避

免盲目。

人們的貿易越來越廣泛，產品更新速度加快，商務交流越來越密切，地區和國家間的貿易變得頻繁，不論是中小企業還是跨國公司，都更加重視從「零和」走向「雙贏」。大家加強了彼此間的合作，損人利己、彼消此長的現象正漸漸得到改變，這樣才能增強競爭力，不至於被日益激烈的市場競爭對手擊敗。

**21.9**

# 注意你的短板——木桶定律

明明和田田在院子裡玩，他們需要一隻桶盛水。於是，明明跑回家拿了一隻木桶，兩個人都很高興，拎著桶就去打水，還沒接到 1/3，水就往外流，兩個人傻了眼。原來，這只桶雖然很大，但是桶壁有一處有缺口。本以為一次能打一桶水，現在得 3 次才能打滿一桶。水桶能盛多少水，並不取決於桶有多高多大，而是取決於桶壁上最短的那塊木板。這個定律是由美國的管理學家彼得提出的。

根據這一核心內容，「木桶理論」還有兩個推論：其一，只有桶壁上的所有木板都足夠高，木桶才能盛滿水；其二，只要這個木桶裡有一塊板不夠高度，木桶裡的水就不可能是滿的。這就是說，構成組織的各個部分往往是優劣不齊的，而劣勢部分決定整個組織的水準。

木桶定律還有幾種演變。

演變一：木桶的直徑大小也決定一個木桶的儲水量

這種說法是用來形容組織的成長階段中，成長初期的作用十分重

要。把組織的成長比作木桶，每個組織的大小不一，桶的大小也不一樣，只有直徑大的桶才能盛更多的水。這個直徑就好比組織的成長初期，只有在成長初期扎實基礎，有廣闊的資源，才可能在以後有更好的發展；相反，有的組織成長初期基礎薄弱，欠缺資源，那麼對企業的發展影響會很大。

演變二：即使木板都相同，木桶的形狀也決定了木桶的儲水量

我們知道，一個方形物體和一個圓形物體，二者周長相同，但是根據物理學的原理，圓形物體的面積肯定是大於方形物體的面積的。因此要是儲存水，圓形木桶是所有形狀的木桶中最佳的選擇。圓形的木桶意在強調一個組織的結構和運作要圍繞一個圓心，講究協調和向心，最終形成一個「大圓」。木桶的形狀，也就代表著組織的結構要合理，正如「結構決定力量」。

演變三：木桶的使用狀態也決定著木桶的最終儲水量

雖然我們說，木桶的儲水量是由最短的那塊木板決定的，但在特定的條件下，只要做一點改變，就可以彌補短板的不足。比如，透過相互配合，可以有意識地把木桶朝著長板的方向傾斜，就能儲存到較之以前更多的水。另外，還可以將木桶的長板來補短板，以此來提高儲水量。緊密的配合，良好的合作意識，相互銜接，才能增加水桶的長久儲水量。對於組織來說，需要的是一個完整的團隊，只有這樣，企業的最高點才會更高。

演變四：動態演變

對於企業來說，並不是目標定得越多越好。桶的儲水量是可以調整的，可多可少，這就要根據組織設定的目標，由目標來確定儲水量

的多少。因為投資不是越多越好，過多的投資只是浪費，競爭的目的是為了實現利潤。有時，出於策略考慮，可能還要讓對手抓住自己的疏忽，以此讓對方放鬆，以求在最關鍵的時候全盤擊潰對方。這正如中國古時候的田忌賽馬，合理布局，集中優勢，一點點擊破。

演變五：木桶理論中的核心力量

不管是儲存少量的水，還是滿桶的水，我們都希望桶裡的水都能發揮作用。一個木桶需要有至少兩塊堅固的木板，方便提取。如果木桶的所有木板都是一樣長，那麼這個桶能盛水的潛力最大。但僅有潛力，無法發揮，也是沒用。如何讓其發揮潛能，就是如何把水桶提起來的過程，重在那兩塊最牢固的可以提取的木板。對於一個企業來說，這兩塊木板就意味著企業的核心競爭力，借助這些核心優勢統領組織發展。

演變六：各塊板之間的配合程度也決定著木桶的儲水量

每個木桶都是由木板組成，木板之間的銜接總是會有縫隙，縫隙太大，即使每塊木板都一樣長，也儲存不了水，只有間隙微小，才不會影響儲存量。這個縫隙就像是組織裡成員之間的關係。每一個員工都是木板，如何將縫隙減少，就是要每個人互相包容，密切協作，協調配合，取長補短，這樣才能縮小間隙，提高組織的儲水量。

演變七：各塊木板的厚度也十分重要

木桶儲水的影響因素很多，我們前面說到有木板的長短、木板之間的縫隙、木桶的形狀等。另外還有一個因素就是木板的厚度，這一點也非常重要，即使木板很長，圍成桶的直徑很大，但是如果桶的厚度不夠，那麼盛的水越多，實際上越危險。木板的厚度就像是組織裡

成員的品德。即使這個組織發展的規模再大，成員的能力再高，如果沒有很好的品德，那麼很可能存在很大的隱患。沒有良好的品德，成員可能會利用自己的才能損害組織。

世界上第一個社會主義國家是由蘇聯的列寧建立的，在領導了十月革命後，列寧建立了當時領土最大的社會主義國家，他的「新經濟政策」為蘇聯的建設做出了巨大的貢獻。

此舉在全世界引起了震撼，紅色革命相繼發展壯大，意義深遠，震驚了整個西方世界。列寧去世以後，他的有些政策被廢止。第二次世界大戰時期，由史達林領導的戰時共產主義透過一系列的措施，保障了戰時對其他國家的有力援助，而且幫助蘇聯人民熬過了莫斯科戰役、史達林格勒戰役的艱苦時期。

在整個戰爭期間，蘇聯的領導人側重發展重工業，蘇聯人民也響應號召，發展軍工業，造成輕工業發展薄弱，長期的結果是，不合理的經濟結構嚴重影響了蘇聯的發展，在與美國的抗衡中，優勢並不明顯。最終，在長期的不協調的經濟結構發展下，蘇聯赫然倒下，影響水桶儲水量的那塊短板——輕工業的薄弱，最終影響了全局。

## 21.10

# 為什麼要用名人打廣告——光環效應

打開電視，我們會發現電視上的廣告裡不是美女、明星，就是權威人士。很少有一些相貌一般、名不見經傳的小人物在電視上「拋頭露面」。這就是廣告中的光環效應，又被稱為暈輪效應，這種效應是

# 耍廢時看的經濟學

*經濟學名詞懶人包*

一種影響人際知覺的效應。光環有一個十分明顯的特點,那就是像一個光暈一樣,四周擴散。人們用這種現象來形容人們對商品的一種感知,可能因為喜歡一個明星而購買明星所代言的商品。因此,商家往往用明星、名人來為產品代言,以期望得到更多人的認可。

每個人心中都有偶像,我們經常以自己的偶像為榜樣,希望能像他們一樣成功。但突然某天,在電視上看到關於明星的某條負面新聞,我們會不相信,會覺得震驚,認為這是虛假的。實際上人們在迷戀明星或是偶像時,自主地添加了自己的判斷,認為銀幕上的那個人是陽光、健康的,帶給人們的都是正面能量,突然有了他們的負面消息,會覺得難以接受。

其實,我們了解到的某明星或是名人的途徑只有電視或網路,而這些媒體展示給我們的都是美好的事物。我們只能看到他們外在的特點,外貌或是簡單的言語,他們真實的性格和人格我們無從得知。這就像是給這些人套上了一層美好的「光環」,我們從一開始就相信他是美好的,從而忽視了真實的情況。

人們之間的喜好判斷也是如此,一個人對另一個人的判斷,有自己的好惡,他可能並不真的了解這個人,但是總是依據自己的判斷,這個被判斷的人就會被貼上標籤。如果一開始被認為是好的,那麼以後不論他做什麼,就被賦予好人的形象,反之亦然。這種對人的認知也會像光環一樣彌漫擴散,甚至會覆蓋到這個人身邊的其他人,從而影響真實的判斷,掩蓋真實的情況。光環效應只是抓住了事物的某一個特徵,認知上是片面的,結論也不可靠。

「一白遮百醜」就是這樣一個例子,人們往往覺得一個人皮膚白

皙，就能遮蓋長相上其他的不足。同樣的道理，當一個人身上有非常明顯的優點時，人們就會將他的優點放大，以至於遮蓋了他的缺點，將缺點抵消，給予他較高的評價。

暈輪效應是一種片面的評價，因為光環的遮蓋，優點被放大、缺點被掩蓋，甚至達到愛屋及烏的程度。所以廠家利用人們的這種心理，消費者往往肯定和認定的明星形象是健康的積極的，那麼就會認為他所代言的產品也是擁有較好的品質的，從而肯定商家的產品。實際上，這些明星和產品的品質沒有直接的關係，他們只是產品的形象代言，並不能代表產品的本質。

社會上刮起的流行風也是如此，只要有名人肯定某一項事物的價值時，這種事物就會刮起「熱風」，從以前的集郵到書畫古玩的收集熱，再到錢幣收集，莫不如此。

人人都愛美好的事物，所以美女也創造了「美女經濟」，現在的人才應徵，對外貌的要求越來越高，美女效應不能忽視。經美女服務的顧客，都說好；經美女代言的產品，銷量都直線上升。大街小巷，只要有美女的地方，就會有「美女經濟」。

美女的光環效應在現代社會的廣告中被發揮得淋漓盡致。無論走到地球的哪個角落，你都能發現美女的倩影。這一切源於社會文明的飛速發展，女性在經濟、文化、生活中發揮了越來越重要的作用。如今，放眼大小城市，街頭小巷到處都有她們的美麗笑顏。

不論是美女的經濟效應，還是應徵時的容貌作用，使得容貌姣好的女孩更容易得到人們的肯定和認可。這種不公平已經漸漸地被人們接受了。

# 21.11

# 由不勝任到勝任——彼得原理

職工表現得突出，就會受到嘉獎，在原有的職位上做出貢獻，就會被提升到高一級的職位，如此直到被升任到一個他所不能勝任的地位。這種現象被美國著名的管理學家勞倫斯・彼得（Laurence・J・Peter）提出。他認為，在一個等級制度中，每個職工趨向於上升到他所不能勝任的地位。每一個職位的最終任職者都將為那個不能勝任這項工作的職工所占據。這也說明了每個志願者最終到達的高地將是自己不再被提升的職位。

世界經濟發展的過程中，總是經濟發展落後的國家或地區慢慢趕超經濟發達的國家，如中國、巴西、日本、印度等。

從中國的某個時代來看，從明末開始，中國開始故步自封、閉關鎖國，從而在科技、航海、軍事和貿易等方面變得落後，猶如一個只知道賺錢的人，不思進取，為了賺錢而賺錢，絲毫不知自己也深陷困境。即使知道自己已不如從前，卻仍一意孤行，怕失去一切，繼續自高自大，活在自己的世界裡。

當時的統治階級堅持運行千百年的經濟方式，對人民百姓嚴加看管，將其牢牢禁閉，使其無法去思考更多的事情，只是為滿足衣食。對於讀書的知識分子，則用四書五經這些迂腐的文字來限制人們的言論。前朝的官員也是被這些書籍限制，無法吸收外來的先進知識，長期下去，出謀劃策的群臣也個個毫無技能可施。

彼得還分析出彼得反轉原理。他認為一個員工能否勝任，是由他

的領導來判斷的而不是別人。如果員工的領導已經達到了一個不能勝任的階段，此時領導對員工的判斷會出現偏差。比如員工是否遵守禮儀規範會成為標準，他們會更加喜歡那些整潔注重禮儀的員工。由此，一些可能缺乏方法、沒有創新，被動接受任務的執行者反而會被重用，得到晉升，一直到組織發現他們所不能勝任的層級。

一些中層管理者，透過背景或是老資歷晉升，並未作出什麼大的貢獻，不用出謀劃策，不用奔波勞累，只需要按時上下班，符合一定的工作年限，職位就一步一步地上升，獎金、榮譽一個也不落下。

王紅研究生畢業後在一家企業工作了 3 年，因為覺得無法施展拳腳，辭職去了一家具有策略地位的能源生產企業。他年輕有為，有學歷有經驗又有頭腦，在初進公司的時候，他的部門主管對她甚是欣賞，很是看好這個年輕人，想想自己還有 8 年就要退休，打算好好栽培這個青年才俊，也算是自己為企業做貢獻。對王紅的才華，主管很是賞識，總是交給他重要的事情，把他當作自己的徒弟。

王紅對此十分感激，認為自己找到了伯樂，終於可以放手一搏了，於是，變得越發勤奮。部門的很多專案都主動請纓，希望能發揮自己的作用。有時，週末也顧不得休息，時常加班，就是希望自己做出更多的成績。

剛開始，主管十分滿意，但是隨著王紅越發勤奮，主管開始覺得不安了，開始變得小心警惕。王紅越是賣力，越顯出這個領導的普通和不作為，畢竟年齡比較大，在想法和行為上都比不上年輕人，時常是王紅給領導提出點子，這樣讓主管覺得很是不安。他認為，王紅的這些表現是為了超過他，然後取代他的位置。想想自己在公司工作了十幾年，也算是很有資歷了，有一定的權力，離退休

還有幾年，如果這個年輕人太出頭，對自己來說豈不是很危險。

　　漸漸地，王紅向主管提出的建議，主管就想方設法故意刁難他，甚至橫加干涉，不再肯定王紅做出的努力，而是一再打壓。企業此刻也正處於改革時期，聘任制的巨大壓力，也讓王紅開始不安。他知道，即使自己再有才能，只要主管不認可，那麼自己隨時就有可能被解僱。王紅沒有退縮，他更注重和主管講話的方式，盡可能地不觸怒主管，依舊對主管尊重和感激。他希望主管會明白他的做法。

　　王紅反覆考察的一個專案，能夠給企業帶來很大的效益，他在多次論證之後，就向主管申報。主管一看就立刻回絕，也不願多聽王紅的解釋。王紅並沒有氣餒，在主管閒暇的時候再一次拿出來向主管彙報，經過自己的堅持，主管也詳細地看了專案計劃，確實可行，也看到了這個年輕人身上的上進勤奮的精神，於是上報給高層部門。經過集團的考核，同意了他們的申請。3 年以後，王紅的主管被調到其他部門，而王紅順理成章接替了他之前的位置。

　　王紅從一開始的突出表現，到得到主管的重視，一直到被調任到較高一級的管理職位這些都是彼得原理的展現。彼得原理在企業管理或是經濟領域都有著廣泛的使用價值，是人類科學智慧的結晶。

# 第 3 篇　人人都離不開經濟學

## 第 21 章　掌握經濟學中的金科玉律

官網

### 國家圖書館出版品預行編目資料

耍廢時看的經濟學：經濟學名詞懶人包 / 劉瑩，
田小飛編著 . -- 第一版 . -- 臺北市：清文華泉，
2020.09
　　面；　公分
ISBN 978-986-5552-03-9( 平裝 )
1. 經濟學
550　　　　109011814

# 耍廢時看的經濟學：經濟學名詞懶人包

作　　者：劉瑩，田小飛 編著
編　　輯：林非墨
發 行 人：黃振庭
出 版 者：清文華泉事業有限公司
發 行 者：清文華泉事業有限公司
E - m a i l：sonbookservice@gmail.com
粉 絲 頁：https://www.facebook.com/sonbookss/
網　　址：https://sonbook.net/
地　　址：台北市中正區重慶南路一段六十一號八樓 815 室
Rm. 815, 8F., No.61, Sec. 1, Chongqing S. Rd., Zhongzheng Dist., Taipei City 100,
Taiwan (R.O.C)
電　　話：(02)2370-3310　　　　傳　　真：(02) 2388-1990
印　　刷：京峯彩色印刷有限公司（京峰數位）

— 版權聲明 —

原著書名《经济学知识速查宝典》。本作品中文繁體字版由清華大學出版社有限公
司授權台灣崧博出版事業有限公司出版發行。
未經書面許可，不得複製、發行。

定　　價：350 元
發行日期：2020 年 9 月第一版

臉書

蝦皮賣場